Eckhart Müller

Anton Mengers Rechts- und Gesellschaftssystem

Münchener Universitätsschriften · Juristische Fakultät

Abhandlungen zur rechtswissenschaftlichen Grundlagenforschung

herausgegeben im Auftrag der Juristischen Fakultät

von

Sten Gagnér

Arthur Kaufmann

Dieter Nörr

Band 19

1975

J. Schweitzer Verlag · Berlin

Eckhart Müller

Anton Mengers Rechts- und Gesellschaftssystem

Ein Beitrag zur Geschichte des sozialen Gedankens im Recht

1975

J. Schweitzer Verlag · Berlin

Gedruckt mit Unterstützung aus den Mitteln der Münchener Universitätsschriften

ISBN 3 8059 0357 X

Satz: Studio Feldafing – Druck: Karl Gerike, Berlin – Bindearbeiten: Wübben & Co., Berlin.

MATRI ET MEMORIAE PATRIS

VORWORT

Die vorliegende Arbeit hat als Dissertation im Februar 1973 der juristischen Fakultät der Ludwig-Maximilians-Universität München vorgelegen.

Herrn Professor Dr. Sten Gagnér, der die Arbeit wissenschaftlich betreut hat und dabei jederzeit zu Gespräch und Kritik bereit war, gilt mein besonderer, herzlicher Dank. In seinem Seminar hatte ich Gelegenheit, Zwischenergebnisse zur Diskussion zu stellen; den Teilnehmern verdanke ich viele Anregungen und hilfreiche Kritik.

Die Aufnahme dieser Arbeit in die Münchner Universitätsschriftenreihe ‚Abhandlungen zur rechtswissenschaftlichen Grundlagenforschung' empfinde ich als Auszeichnung, für die ich den Herausgebern zu Dank verbunden bin, ebenso wie der Senatskommission für die Universitätsschriften, die die Finanzierung der Drucklegung ermöglicht hat.

Meine Frau Beate hat diese Arbeit mit viel Verständnis, Hilfe und Anteilnahme begleitet.

München, Oktober 1974 Eckhart Müller

INHALTSVERZEICHNIS

BIBLIOGRAPHISCHE ABKÜRZUNGEN UND LITERATURVERZEICHNIS

Abendroth, Sozialdemokratie
Abendroth, Wolfgang, Aufstieg und Krise der deutschen Sozialdemokratie, 2. Auflage, Frankfurt 1969.

Adler, Arbeitsertrag
Adler, A., Das Recht auf den vollen Arbeitsertrag, Rezension in: Jahrbücher für Nationalökonomie und Statistik, Neue Folge 16. Band, Jena 1888, S. 299/300.

Adler, Zukunftsbilder
Adler, Viktor, Zwei Zukunftsbilder, in: Arbeiterzeitung, XV. Jahrgang, Nr. 149, Wien 31. Mai 1903.

Andler, Les origines
Andler, Charles, Les origines du Socialisme d'Etat en Allemagne, Paris 1897.

Atlantikus, Zukunftsstaat
Atlantikus, Ein Blick in den Zukunftsstaat, Produktion und Konsumption im Sozialstaat, Stuttgart 1898.

Badura, Staatslehre
Badura, Peter, Die Methoden der neueren allgemeinen Staatslehre, Erlangen 1959.

Bar, Entwurf
Bar, L. v., Der Entwurf eines bürgerlichen Gesetzbuches für das Deutsche Reich, besonders in sozialpolitischer Beziehung, in: Die Nation, Wochenschrift für Politik, Volkswirtschaft und Literatur, 7. Jahrgang, Nr. 27, Berlin 5. April 1890, S. 399–403.

Berolzheimer, Rechts- und Wirtschaftsphilosophie
Berolzheimer, Fritz, System der Rechts- und Wirtschaftsphilosophie, 2. Band, Die Kulturstufen der Rechts- und Wirtschaftsphilosophie, München 1905.

Berth, Utopie
Berth, Edouard, L'Utopie du professeur Menger, in: Le mouvement socialiste, 15. Mai 1904, S. 34–44.

Böckenförde, Gesetz
Böckenförde, Ernst-Wolfgang, Gesetz und gesetzgebende Gewalt, Von den Anfängern der deutschen Staatsrechtslehre bis zur Höhe des staatsrechtlichen Positivismus, Berlin 1958.

Böckenförde, Verfassungsprobleme
Böckenförde, Ernst-Wolfgang, Verfassungsprobleme und Verfassungsbewegung des 19. Jahrhunderts, in: Juristische Schulung 1971, S. 560–566.

Boese, Verein für Sozialpolitik
Boese, Franz, Geschichte des Vereins für Sozialpolitik 1872–1932, Im Auftrag des Liquidationsausschusses verfaßt vom Schriftführer, Schriften des Vereins für Sozialpolitik, Band 188, Berlin 1939.

Böhme, Sozial- und Wirtschaftsgeschichte
Böhme, Helmut, Prolegomena zu einer Sozial- und Wirtschaftsgeschichte Deutschlands im 19. und 20. Jahrhundert, Frankfurt 1969.

Böhmer, Grundlagen
Böhmer, Gustav, Grundlagen der bürgerlichen Rechtsordnung, 2. Buch 1. Abteilung, Tübingen 1951.

Born, Handbuch
Born, Karl Erich, Von der französischen Revolution bis zum ersten Weltkrieg, in: Handbuch der Deutschen Geschichte, 9. neu bearbeitete Auflage, herausgegeben von Herbert Grundmann, Band 3, Stuttgart 1970.

Born, Strukturwandel
Born, Karl Erich, Der soziale und wirtschaftliche Strukturwandel Deutschlands am Ende des 19. Jahrhunderts, in: Moderne deutsche Sozialgeschichte, herausgegeben von Hans-Ulrich Wehler, Köln/Berlin 1970, S. 271–284.

Buylla, Staatslehre
Buylla, Adolfo, Neue Staatslehre por Antón Menger, in: Nuestro tiempo, Revista mensual ilustrada, Madrid Febr. 1904, S. 210–218.

Carneri, Liberalismus
Carneri, B., Liberalismus und Sozialismus, in: Neue Freie Presse, Nr. 10072, Wien, 8. Sept. 1892, S. 8/9.

Cassel, Arbeitsertrag
Cassel, Gustav, Das Recht auf den vollen Arbeitsertrag, Göttingen 1900.

Clément, Une théorie
Clément, Henry, Une théorie socialiste, in: La réforme sociale, Paris Dec. 1901, S. 878–887.

Dahm, Deutsches Recht
Dahm, Georg, Deutsches Recht, Die geschichtlichen und dogmatischen Grundlagen des geltenden Rechts, Eine Einführung, 2. neu bearbeitete Auflage, Stuttgart, Berlin, Köln, Mainz 1963.

Diehl, Sozialismus
Diehl, Karl, Stichwort Sozialismus und Kommunismus in: Handwörterbuch der Staatswissenschaften, 7. Band, Jena 1926, S. 579 ff.

Diehl, Staatslehre
Diehl, Karl, Anton Mengers Neue Staatslehre, in: Beilage zur Allgemeinen Zeitung, Nr. 173, München 3. August 1903, S. 225–228.

Döhring, Rechtspflege
Döhring, Erich, Geschichte der Deutschen Rechtspflege, Berlin 1953.

Ehrlich, Anton Menger
Ehrlich, Eugen, Anton Menger, in: Süddeutsche Monatshefte, 3. Jahrgang, 2. Band, Stuttgart Juli–Dezember 1906, S. 286–316.

Ehrlich, Nachruf
Ehrlich, Eugen, Anton Menger, Nachruf in: Neues Frauenleben, XVIII. Jahrgang, Nr. 2, Wien Febr. 1906, S. 1–3.

Ehrlich, Soziale Frage
Ehrlich, Eugen, Die soziale Frage und die Rechtsordnung, in: Die Neue Zeit, Wochenschrift der Deutschen Sozialdemokratie, IX. Jahrgang, Nr. 40–43, 2. Band, 1890/1891, S. 430–438; 476–480; 539–544.

d'Eichthal, Droit socialiste
d'Eichthal, Eugène, Des bases du droit socialiste, in: Pages sociales, Paris 1909, S. 1–27.

Ferneuil, L'Etat socialiste
Ferneuil, Th., L'Etat socialiste par Anton Menger et la science sociale, in: Revue politique et parlamentaire, 11. Jahrgang, Paris Dezember 1904, S. 530–550.

Foxwell, Einleitung
Foxwell, H.S., The Right to the Whole Produce of Labour, Introduction by Foxwell, London 1899,
deutsch als Einleitung zur deutschen Übersetzung von William Thompson, Untersuchungen über die Grundsätze der Verteilung des Reichtums zu besonderer Beförderung menschlichen Glücks, Berlin 1903, unter dem Titel Geschichte der sozialistischen Ideen in England.

Fraenkel, Justiz
Fraenkel, Ernst, Chronik, in: Die Justiz, 1931, abgedruckt in: Sinzheimer Hugo, Fraenkel Ernst, Die Justiz in der Weimarer Republik, Eine Chronik, herausgegeben von Thilo Ramm, Politica Band 29, Neuwied und Berlin 1968, S. 331.

Gierke, Soziale Aufgabe
Gierke, Otto von, Die soziale Aufgabe des Privatrechts, Berlin 1889, abgedruckt in: Quellenbuch zur Geschichte der deutschen Rechtswissenschaft, herausgegeben von Erik Wolf, Frankfurt 1949, S. 478 ff.

Grünberg, Anton Menger
Grünberg, Carl, Anton Menger (12. September 1841 – 6. Februar 1906), Gedenkrede, gehalten am 26. Juli 1919 im kleinen Festsaal der Wiener Universität anläßlich der Enthüllung des Anton Menger-Denkmals, in: Der Kampf, Sozialdemokratische Wochenschrift, Jahrgang 12, Nr. 20, Wien 16. August 1919, S. 538–545.

Grünberg, Biographisches Jahrbuch
Grünberg, Carl, Menger Anton, in: Biographisches Jahrbuch und Deutscher Nekrolog vom 1. Januar bis 31. Dezember 1906, XI. Band, Berlin 1908, S. 3–22.

Grünberg, Leben und Lebenswerk
Grünberg, Carl, Anton Menger, Sein Leben und Lebenswerk, in: Zeitschrift für Volkswirtschaft, Sozialpolitik und Verwaltung, Organ der Gesellschaft österreichischer Volkswirte, 18. Band, Wien und Leipzig 1909, S. 29–77.

Grünberg, Wörterbuch Neudruck
Grünberg, Carl, Grossmann Henryk, Stichwort Sozialismus und Kommunismus, in: Wörterbuch der Volkswirtschaft, 4. Auflage, Jena 1931–1933;
zitiert nach dem Neudruck unter dem Titel Anarchismus, Bolschewismus, Sozialismus, Aufsätze aus dem ‚Wörterbuch der Volkswirtschaft', herausgegeben von Claudio Pozzoli, Frankfurt 1971.

Grüttefien, Nachruf
Grüttefien, Anton Menger, Nachruf in: Illustrierte Zeitung, Nr. 3270, 126. Band, Leipzig 1. März 1906.

Gumplovicz, Staatsidee
Gumplovicz, Ludwig, Die soziologische Staatsidee, Neudruck der 2. Auflage, Innsbruck 1902, Aalen 1969.

Hattenhauer, Hierarchie
Hattenhauer, Hans, Zwischen Hierarchie und Demokratie, Eine Einführung in die geistesgeschichtlichen Grundlagen des geltenden deutschen Rechts, Karlsruhe 1971.

Hauriou, Régime d'Etat
Hauriou, Maurice, Le régime d'Etat, in: La revue socialiste, Paris, Mai 1904, S. 564–581.

Hedemann, Das Bürgerliche Recht
Hedemann, Justus Wilhelm, Das Bürgerliche Recht und die neue Zeit, Jena 1919.

Hedemann, Zivilrecht
Hedemann, Justus Wilhelm, Die Fortschritte des Zivilrechts im 19. Jahrhundert, 2. Teil, 1. Halbband, Berlin 1930, unveränderter Neudruck Frankfurt 1968.

Heine, Utopien
Heine, Wolfgang, Utopien, in: Sozialistische Monatshefte, Internationale Revue des Sozialismus, VII. Jahrgang, 2. Band, Berlin Juli–Dezember 1903, S. 649–657.

Heller, Ideenkreise
Heller, Hermann, Die politischen Ideenkreise der Gegenwart, Breslau 1926.

Hippel, Privatrecht
Hippel, Fritz von, Zum Aufbau und Sinnwandel unseres Privatrechts, Tübingen 1957.

Hofmann, Ideengeschichte
Hofmann, Werner, Ideengeschichte der sozialen Bewegung des 19. und 20. Jahrhunderts, 2. neubearbeitete und ergänzte Auflage unter Mitwirkung von Prof. Dr. Wolfgang Abendroth, Berlin 1968.

Jacoby, Das bürgerliche Recht
Jacoby, Samuel, Das bürgerliche Recht und die besitzlosen Volksklassen, Rezension in: Zeitschrift für das Private und Öffentliche Recht der Gegenwart, 18. Band, Wien 1891, S. 279–286.

Jellinek, Staatslehre
Jellinek, Georg, Allgemeine Staatslehre, 5. Auflage Berlin 1929.

Kampffmeyer, Macht
Kampffmeyer, Paul, Mehr Macht, Kritische Streiflichter auf das Erfurter Programm der deutschen Sozialdemokratie, Berlin 1898.

Kampffmeyer, Neuer Wind
Kampffmeyer Paul, Neuer Wind in den Segeln der Sozialdemokratie, in: Sozialistische Monatshefte, Internationale Revue des Sozialismus, VII. Jahrgang, 1. Band, Berlin Januar–Juni 1903, S. 399–405.

Kampffmeyer, Wirtschaftsleben
Kampffmeyer, Paul, Vom Einfluß des Staates auf das Wirtschaftsleben, Historisches zu einem aktuellen Problem, in: Sozialistische Monatshefte, Internationale Revue des Sozialismus, VII. Jahrgang, 2. Band, Berlin Juli–Dezember 1903, S. 491–508.

Kantorowicz, Staatslehre
Kantorowicz, Hermann U., Neue Staatslehre, Rezension in: Jahrbuch für Gesetzgebung, Verwaltung und Volkswirtschaft, Neue Folge 27. Jahrgang, Leipzig 1903, S. 347–353.

Kautsky, Sittenlehre
Kautsky, Karl, Mengers „Neue Sittenlehre“, in: Die Neue Zeit, Wochenschrift der Deutschen Sozialdemokratie, 24. Jahrgang, Stuttgart 14. Okt. 1905, S. 76–85.

Kirchmann, Wertlosigkeit
Kirchmann, Julius von, Die Wertlosigkeit der Jurisprudenz als Wissenschaft, Ein Vortrag, gehalten in der Juristischen Gesellschaft zu Berlin 1848, Wissenschaftliche Buchgesellschaft Darmstadt 1969.

Klein, Anton Menger
Klein, Franz, Anton Menger, Nachruf in: Zeit, Nr. 1211, 5. Jahr, Wien 8. Februar 1906.

Kleinwächter, Staatslehre
Kleinwächter, Friedrich, Neue Staatslehre von Prof. Dr. Anton Menger, in: Allgemeine österreichische Gerichtszeitung, 54. Jahrgang, Nr. 37, Wien 12. September 1903, S. 291–293.

Kohler, Rechtswissenschaft
Kohler, Julius, Die deutsche Rechtswissenschaft und das deutsche bürgerliche Gesetzbuch, Mit Bezug auf Anton Mengers Rektoratsrede über die sozialen Aufgaben der Rechtswissenschaft, in: Zeitschrift für das Private und Öffentliche Recht der Gegenwart, 23. Band, Wien 1896, S. 217–228.

Kosch, Staatshandbuch
Kosch, Wilhelm, Biographisches Staatshandbuch, Lexikon der Politik, Presse und Publizistik, fortgeführt von Eugen Kuri, 2 Bände, Bern, München 1963.

Kraus, Das Bürgerliche Recht
Kraus, Karl, Das Bürgerliche Recht und die besitzlosen Volksklassen, besprochen in: Gerichtshalle, Organ für Rechtspflege und Volkswirtschaft, 34. Jahrgang, Nr. 33–37, Wien August September 1890.

Laband, Staatsrecht
Laband, Paul, Das Staatsrecht des Deutschen Reiches, 5. neu bearbeitete Auflage in 4 Bänden, 1. Band, Tübingen 1911.

Laskine, Juristischer Sozialismus
Laskine, Edmond, Die Entwicklung des juristischen Sozialismus, aus dem französischen Manuskript übersetzt in: Archiv für die Geschichte des Sozialismus und der Arbeiterbewegung, III. Band, Leipzig 1913, S. 17–70.

Lassalle, Reden und Schriften
Lassalle, Ferdinand, Reden und Schriften, Mit einer Lassalle-Chronik, herausgegeben von Friedrich Jenaczek, dtv-Dokumente Band 676, München 1970.

Lill, Arbeitsvertrag
Lill, Franz, Der Arbeitsvertrag in öffentlichen Betrieben, in: Der Kampf, Sozialdemokratische Wochenschrift, 11. Band, Wien 1918, S. 418 ff.

Lindenlaub, Verein für Sozialpolitik
Lindenlaub, Dieter, Richtungskämpfe im Verein für Sozialpolitik, Wissenschaft und Sozialpolitik im Kaiserreich vom Beginn des „neuen Kurses" bis zum Ausbruch des ersten Weltkrieges (1890–1914) Teil I und II, Wiesbaden 1967.

Loening, Das bürgerliche Recht
Loening, Edgar, Das bürgerliche Recht und die besitzlosen Volksklassen, Rezension in: Jahrbücher für Nationalökonomie und Statistik, Neue Folge 21. Band, Jena 1890, S. 392–401.

Loening, Staatslehre
Loening, Edgar, Anton Menger, Neue Staatslehre, Rezension in: Deutsche Literaturzeitung, 24. Jahrgang, Nr. 50, Leipzig 12. Dezember 1903, S. 3079–3081.

Mater, Socialisme juridique
Mater André, Le socialisme juridique, in: La revue socialiste, Paris Juli 1904, S. 1–27.

Marxistisch-leninistische Philosophiegeschichte
Zur Geschichte der marxistisch-leninistischen Philosophie in Deutschland, Autorenkollektiv, Band I/2, Berlin/Ost 1969.

Mehring, Staatslehre
Mehring, Franz, Anton Menger, Neue Staatslehre, Rezension in: Die Neue Zeit, Wochenschrift der Deutschen Sozialdemokratie, Stuttgart 30. Mai 1903, S. 287/288.

Menger, Arbeitsertrag
Menger, Anton, Das Recht auf den vollen Arbeitsertrag in geschichtlicher Darstellung, Stuttgart Berlin 1886, 2. Auflage ebenda 1891, 3. Auflage ebenda 1904, 4. Auflage ebenda 1910.
In dieser Arbeit wird nach der 4. Auflage zitiert.

Menger, BGB
Menger, Anton, Das Bürgerliche Recht und die besitzlosen Volksklassen, zunächst erschienen in: Archiv für soziale Gesetzgebung, Tübingen 1889, S. 1–73; 418–482; 1890 S. 57–74, 2. Auflage ebenda 1890, 3. Auflage ebenda 1904, 4. Auflage ebenda 1908, 5. Auflage Tübingen 1927.
1968 erschien bei der Wissenschaftlichen Buchgesellschaft Darmstadt ein unveränderter reprographischer Nachdruck der 4. Auflage, aus dem in der vorliegenden Arbeit zitiert wird.

Menger, Gutachten
Menger, Anton, Gutachten über die Vorschläge zur Errichtung einer eidgenössischen Hochschule für Rechts- und Staatswissenschaften, Zürich 1889.

Menger, Hochschulkurse
Menger, Anton, Volkstümliche Hochschulkurse, in: Die Zukunft, 19. Band, Berlin 1897, S. 479–483.

Menger, Sittenlehre
Menger, Anton, Neue Sittenlehre, 1. und 2. Auflage Jena 1905.
In dieser Arbeit wird nach der 1. Auflage zitiert.

Menger, Soziale Aufgabe
Menger, Anton, Über die sozialen Aufgaben der Rechtswissenschaft, Inaugurationsrede, gehalten am 24. Oktober 1895 bei der Übernahme des Rektorats der Wiener Universität, Wien 1895, 2. Auflage Wien Leipzig 1905, mit geringen Auslassungen auch abgedruckt in: Die Zukunft, 13. Band, Berlin 1895, S. 257 ff.
In dieser Arbeit wird nach der 2. Auflage zitiert.

Menger, Sozialismus
Menger, Anton, Sozialismus und Sozialpolitik, in: Beilage zur Allgemeinen Zeitung, Nr. 278, München 7. Oktober 1887, S. 4097/4098.

Menger, Staatslehre
Menger, Anton, Neue Staatslehre, Jena 1903, 2. Auflage Jena 1904, 3. Auflage Jena 1906, 4. Auflage Jena 1930.
In dieser Arbeit wird nach der 2. Auflage zitiert.

Menger, Volkspolitik
Menger, Anton, Volkspolitik, Jena 1906.

Menzel, Beiträge
Menzel, Adolf, Beiträge zur Geschichte der Staatslehre, Akademie der Wissenschaften in Wien, Philosophisch-historische Klasse, Sitzungsberichte, 210. Band, 1. Abhandlung, Wien und Leipzig 1929.

MEW 3/11 ff.
Marx, Karl und Engels, Friedrich, Die deutsche Ideologie, Berlin/Ost 1969, Band 3, S. 11 ff.

MEW 4/62–182
Marx, Karl, Das Elend der Philosophie, Berlin/Ost 1971, Band 4, S. 62–182.

MEW 19/12–32
Marx, Karl, Kritik des Gothaer Programms, Berlin/Ost 1972, Band 19, S. 12–32.

MEW 19/177–228
Engels, Friedrich, Die Entwicklung des Sozialismus von der Utopie zur Wissenschaft, Berlin/Ost 1972, Band 19, S. 177–228.

MEW 20/5–303
Engels, Friedrich, Herrn Eugen Dührings Umwälzung der Wissenschaft („Anti-Dühring"), Berlin/Ost 1970, Band 20, S. 5–303.

MEW 21/491–509
Engels, Friedrich und Kautsky, Karl, Juristen-Sozialismus, Berlin/Ost 1972, Band 21, S. 491–509.

MEW 23/1 ff.
Marx, Karl, Das Kapital, Erster Band, Der Produktionsprozeß des Kapitals, Berlin/Ost 1970, Band 23, S. 1 ff.

MEW 24/7–27
Engels, Friedrich, Vorwort zu Marx, Karl, Das Kapital, Zweiter Band, Der Zirkulationsprozeß des Kapitals, Berlin/Ost 1972, Band 24, S. 7–27.

MEW 38/287
Engels, Friedrich, Brief an Kautsky vom 5.3.1892, Berlin/Ost 1970, Band 38, S. 287.

Miller, Freiheit
Miller, Susanne, Das Problem der Freiheit im Sozialismus, Freiheit, Staat und Revolution in der Programmatik der Sozialdemokratie von Lassalle zum Revisionismusstreit, 2. Auflage, Frankfurt 1964.

Mommsen, Imperialismus
Mommsen, Wolfgang J., Das Zeitalter des Imperialismus, Fischer Weltgeschichte Band 28, Frankfurt 1969.

Nekrolog
Ohne Verfasser, Nekrolog, in: Zeitschrift für das Private und Öffentliche Recht der Gegenwart, Band 33, 1906, S. 784–787.Derselbe Aufsatz ohne Verfasser ist enthalten in: Die feierliche Inauguration des Rektors der Wiener Universität für das Studienjahr 1906/07, Wien 1906, S. 38 ff.

Netter, Zukunftsstaat
Netter, Neues vom Zukunftsstaat, in: Ethische Kultur, XI. Jahrgang, Nr. 38/39, Berlin September 1903, S. 297 ff./308 ff.

Neukamp, Anton Menger
Neukamp, Anton Menger, in: Juristisches Literaturblatt, Berlin 15. September 1906, S. 145–151.

Neusüss, Utopie
Utopie, Begriff und Phänomen des Utopischen, herausgegeben und eingeleitet von Arnhelm Neusüss, Soziologische Texte Band 44, Neuwied und Berlin 1968.

Olberg, Anton Menger
Olberg, Oda, Anton Menger, Nachruf zu seinem 25. Todestag in: Arbeiterzeitung, Nr. 37, Wien 6. Febr. 1931.

Oncken, Referat
Oncken, August, Referat über: William Thompson „Untersuchungen über die Grundsätze der Verteilung des Reichtums zu besonderer Beförderung menschlichen Glücks“, übersetzt nach der englischen Originalausgabe 1824, Berlin 1903, in: Deutsche Literaturzeitung, 24. Jahrgang, Nr. 41, Leipzig Oktober 1903, S. 2495–2503.

Oppenheimer, Arbeitsstaat
Oppenheimer, Franz, Mengers volkstümlicher Arbeitsstaat, in: Zeitschrift für Sozialwissenschaft, VII. Jahrgang, Berlin 1904, S. 186–190.

Oppenheimer, Staat
Oppenheimer, Franz, Der Staat, 6.–10. Tausend, Frankfurt 1919.

Österreichische Biographie
Neue österreichische Biographie 1815–1918, geleitet von Anton Bettelheim, Wien 1923.

Philipp, Linguet
Philipp, Ad., Linguet, ein Nationalökonom des XVIII. Jahrhunderts, Zürcher volkswirtschaftliche Abhandlungen, Zürich 1896.

Philippovich von Philippsberg, Bericht
Philippovich von Philippsberg, Eugen, Bericht über das Studienjahr 1905/06, in: Die feierliche Inauguration des Rektors der Wiener Universität für das Studienjahr 1906/07, Wien 1906.

Preuß, Sozialismus und Konstitutionalismus
Preuß, Hugo, Sozialismus und Konstitutionalismus, in: Die Nation, Wochenschrift für Politik, Volkswirtschaft und Literatur, 20. Jahrgang, Nr. 42/43, Berlin Juli 1903, S. 658 ff./676 ff.

Preuß, Zukunftsstaatsrecht
Preuß, Hugo, Ein Zukunftsstaatsrecht, in: Archiv für öffentliches Recht, 18. Band, Tübingen und Leipzig 1903, S. 373–422.

Ramm, Lassalle
Ramm, Thilo, Ferdinand Lassalle als Rechts- und Sozialphilosoph, Meisenheim, Wien 1953.

Ramm, Privatrecht
Ramm, Thilo, Einführung in das Privatrecht/Allgemeiner Teil des BGB, Band I, Beck Studienbücher dtv, München 1969.

Ramm, Sozialisten
Ramm, Thilo, Die großen Sozialisten als Rechts- und Sozialphilosophen, 1. Band, Die Vorläufer, Die Theoretiker des Endstadiums, Stuttgart 1955.

Ratzenhofer, Soziologische Erkenntnis
Ratzenhofer, Gustav, Die soziologische Erkenntnis, Leipzig 1898.

Reich, Anton Menger
Reich, Norbert, Anton Menger und die demokratische Rechtstheorie, in: Recht und Politik, Vierteljahreshefte für Rechts- und Verwaltungspolitik, Heft 3, 1972, S. 93–101.

Reich, Einleitung
Reich, Norbert, Einleitung zu Stučka Petr I., Die revolutionäre Rolle von Recht und Staat, Frankfurt 1969, S. 7–55.

Reich, Oktoberrevolution
Reich, Norbert, Oktoberrevolution und Recht, in: Kritische Justiz, Heft 2, 1971, S. 133–147.

Reich, Rechtstheorie
Reich, Norbert, Herausgeber, Marxistische und sozialistische Rechtstheorie, Frankfurt 1972, Einleitung S. 7–18.

Reich, Sozialismus
Reich, Norbert, Sozialismus und Zivilrecht, Eine rechtstheoretisch-rechtshistorische Studie zur Zivilrechtstheorie und Kodifikationspraxis im sowjetischen Gesellschafts- und Rechtssystem, Frankfurt 1972.

Rist, Un nouveau livre
Rist, Charles, Un nouveau livre d'Antoine Menger, in: Revue d'économie politique, Paris 1903, S. 888–912.

Rosenberg, Wirtschaftskonjunktur
Rosenberg, Hans, Wirtschaftskonjunktur, Gesellschaft und Politik in Mitteleuropa, 1873–1896, in: Moderne deutsche Sozialgeschichte, herausgegeben von Hans-Ulrich Wehler, Köln Berlin 1970, S. 225–253.

Ruhland, Arbeitsertrag
Ruhland, Gustav, Das Recht auf den vollen Arbeitsertrag, Rezension in: Zeitschrift für die gesamte Staatswissenschaft, 43. Band, Tübingen 1887, S. 578–580.

Savigny, Staatslehre
Savigny, L. v., Zur neuesten Literatur der allgemeinen Staatslehre und Politik, in: Juristisches Literaturblatt, Band 16, Nr. 156, Berlin Juli 1904, S. 128–132.

Schaeffer, Systeme
Schaeffer, Kurt, Die sozialistischen Systeme Theodor Hertzkas und Anton Mengers, mit besonderer Berücksichtigung ihrer Entwicklung aus dem ökonomischen Individualismus, phil. Diss. Halle 1907. 2. Teil der Abhandlung über Anton Menger nicht greifbar.

Schmoller, Arbeitsertrag
Schmoller, Gustav, Das Recht auf den vollen Arbeitsertrag, Rezension in: Jahrbuch für Gesetzgebung, Verwaltung und Volkswirtschaft, Neue Folge 11. Jahrgang, Leipzig 1887, S. 395–397.

Schwiedland, Arbeitsertrag
Schwiedland, Das Recht auf den vollen Arbeitsertrag, Rezension in: Zeitschrift für das Private und Öffentliche Recht der Gegenwart, 15. Band, Wien 1888, S. 468–478.

Seagle, Weltgeschichte
Seagle, William, Weltgeschichte des Rechts, ungekürzte Sonderausgabe der 3. Auflage, München 1967.

Sinzheimer, Soziologische Methode
Sinzheimer, Hugo, Die soziologische Methode in der Privatrechtswissenschaft, Schriften des Sozialwissenschaftlichen Vereins der Universität München, Heft 3, München 1909.

Sombart, Sozialismus
Sombart, Werner, Sozialismus und soziale Bewegung, 8. unveränderte Auflage, Jena 1919.

Sorel, Aspects juridiques
Sorel, Georges, Les aspects juridiques du socialisme, in: La revue socialiste, Paris Oktober 1900, S. 385–415; 558–585.

Staatslexikon
Staatslexikon, Recht, Wirtschaft, Gesellschaft, herausgegeben von der Görres-Gesellschaft, 6. völlig neu bearbeitete und erweiterte Auflage, Freiburg 1962, Stichwort Sozialismus, bearbeitet von Gerhard Stavenhagen und Josef Höffner.

Staudinger, Sittenlehre
Staudinger, Franz, Eine neue Sittenlehre, in: Das freie Wort. Frankfurt November 1905, S. 606–611.

Stein, Rechtssozialismus
Stein, Ludwig, Rechtssozialismus, in: Die Zukunft, XII. Jahrgang, Berlin 6. Februar 1904, S. 207–217; auch enthalten in: Stein Ludwig, Der soziale Optimismus, Jena 1905, S. 81–92.

Stein, Soziale Frage
Stein Ludwig, Die soziale Frage im Lichte der Philosophie, 3./4. umgearbeitete Auflage, Stuttgart 1923.

Steinbach, Grundideen
Steinbach, Emil, Die Grundideen des Sozialismus vom juristischen Standpunkt, in: Juristische Blätter, XV. Jahrgang, Nr. 45–47, Wien November 1886.

Stengel, Staatslehre
Stengel, Neue Staatslehre, Rezension in: Kritische Vierteljahresschrift für Gesetzgebung und Rechtswissenschaft, 3. Folge, Band 10, Tübingen 1905, S. 127–136.

Stiller, Menger Anton
Stiller, Günther, Stichwort Menger Anton, in: Handwörterbuch der Sozialwissenschaften, 7. Band, Stuttgart Tübingen Göttingen 1961.

Stučka, Revolutionäre Rolle
Stučka, Petr. I., Die revolutionäre Rolle von Recht und Staat, Übersetzung und Einleitung von Norbert Reich, Frankfurt 1969.

Vogelsang, Arbeitsertrag
Vogelsang, Frhr. C.v., Das Recht auf den vollen Arbeitsertrag, Rezension in: Monatsschrift für Christliche Sozial-Reform, Gesellschaftswissenschaft, volkswirtschaftliche und verwandte Fragen, 8. Band, Wien 1886, S. 583–609.

Vorschläge
Vorschläge zur Organisation einer eidgenössischen Hochschule in Verbindung mit der Hochschule für Staatswissenschaften, ohne Verfasser, Zürich 1889?.

Vorwärts, Staatslehre
Ohne Verfasser, Eine Staatslehre des Sozialismus, in: Vorwärts, Berliner Volksblatt, Zentralorgan der sozialdemokratischen Partei Deutschlands, 20. Jahrgang, vom 14. Mai 1903.

Weber, Fichte
Weber, Marianne, Fichtes Sozialismus und sein Verhältnis zur Marxschen Doktrin, Volkswirtschaftliche Abhandlungen, 4. Band, 3. Heft, 1900, zitiert nach der 2. photomechanisch gedruckten Auflage, Tübingen 1925.

Weber, Rechtssoziologie
Weber, Max, Rechtssoziologie, aus dem Manuskript herausgegeben und eingeleitet von Johannes Winckelmann, 2. überarbeitete Auflage, Tübingen 1967.

Wehler, Sozialdemokratie
Wehler, Hans-Ulrich, Sozialdemokratie und Nationalstaat, Die deutsche Sozialdemokratie und die Nationalitätenfrage in Deutschland von Karl Marx bis zum Ausbruch des Ersten Weltkrieges, Marburger Ostforschungen Band 18, Würzburg 1962.

Wesenberg, Privatrechtsgeschichte
Wesenberg, Gerhard, Neuere deutsche Privatrechtsgeschichte im Rahmen der europäischen Rechtsentwicklung, 2. Auflage, neu bearbeitet von G. Wesener, Lahr 1969.

Wieacker, Bürgerliches Recht
Wieacker, Franz, Das Bürgerliche Recht im Wandel der Gesellschaftsordnungen, in: Hundert Jahre Deutsches Rechtsleben, Festschrift zum hundertjährigen Bestehen des Deutschen Juristentages 1860–1960, Band II, Karlsruhe 1960, S. 1 ff.

Wieacker, Privatrechtsgeschichte
Wieacker, Franz, Privatrechtsgeschichte der Neuzeit unter besonderer Berücksichtigung der deutschen Entwicklung, 2. Auflage, Göttingen 1967.

Wieacker, Sozialmodell
Wieacker, Franz, Das Sozialmodell der klassischen Privatrechtsbücher und die Entwicklung der modernen Gesellschaft, Schriftenreihe juristische Studiengesellschaft Heft 3, Karlsruhe 1952.

Wiesner, Bericht
Wiesner, Julius, Bericht über das Studienjahr 1899/1900, in: Die feierliche Inauguration des Rektors der Wiener Universität für das Studienjahr 1900/1901, Wien 1900.

Wiethölter, Wirtschaftsrecht
Wiethölter, Rudolf, Die Position des Wirtschaftsrechts im sozialen Rechtsstaat, in: Festschrift für Franz Böhm, 1965, S. 41 ff.

Wilhelm, Methodenlehre
Wilhelm, Walter, Zur juristischen Methodenlehre im 19. Jahrhundert, Die Herkunft der Methode Paul Labands aus der Privatrechtswissenschaft, Frankfurter Wissenschaftliche Beiträge, Rechts- und Wirtschaftswissenschaftliche Reihe, Band 14, Frankfurt 1958.

Zweig, Sittenlehre
Zweig, Egon, Die Sittenlehre des Zukunftsstaates, in: Egon Zweig, Studien und Kritiken, Wien und Leipzig 1907, S. 366–370.

Zweig, Staatslehre
Zweig, Egon, Anton Mengers „Neue Staatslehre“, in: Egon Zweig, Studien und Kritiken, Wien und Leipzig 1907, S. 172–180.

1. KAPITEL
MENGERS LEBEN UND SEINE ZEIT

I. Einleitende Bemerkungen

1. Würdigung Mengers in der Literatur

Bei der Durchsicht der Literatur über Anton Menger werden erstaunliche Diskrepanzen und Unsicherheiten im Urteil über diesen Mann und seine Veröffentlichungen deutlich:

Es beruht auf einer Verwechslung mit seinem Bruder Karl, wenn Anton Menger anläßlich seines Todes in einer illustrierten Zeitschrift als „berühmter Nationalökonom" gefeiert wird[1]; es ist ein Versehen, wenn er mit dem Vornamen „Adolph"[2] geführt oder als „Professor der Staatswissenschaften"[3] bezeichnet wird.

Urteile wie „Wiener Sozialist"[4], „halbbourgeoiser, halbsozialistischer"[5] Autor und „bürgerlicher Wissenschaftler"[6] lassen sich auf keinen Nenner bringen. Es schließt sich aus, Menger einmal als „Austromarxisten"[7], zum anderen als „Kathedersozialisten"[8] zu bezeichnen. Menger soll einerseits ein „Verteidiger der Ideen des Sozialismus von Marx und Engels"[9] gewesen sein und andererseits

---

1 Die Woche, Moderne illustrierte Zeitschrift, 8. Jahrgang, Nr. 7, Berlin 17. Februar 1906.

2 Seagle, Weltgeschichte, S. 593 Anmerkung.

3 Heller, Ideenkreise, S. 130/131.

4 Hedemann, Das Bürgerliche Recht, S. 21, Anmerkung 4; Böhmer, Grundlagen, S. 139; Stiller, Menger Anton; Wesenberg, Privatrechtsgeschichte, S. 172; und viele andere mehr.

5 Lunačarskij, zitiert nach Reich, Oktoberrevolution, S. 138; derselbe, Sozialismus, S. 96.

6 Stučka, Revolutionäre Rolle, S. 129; auch von anderen Russen wird seine Angehörigkeit zu sozialistischen Schriftstellern bestritten, so Reich, Sozialismus, S. 73; MEW 21/Fußnote 464.

7 Reich, Einleitung, S. 41.

8 Reich, Oktoberrevolution, S. 144; Reich verwendet also an verschiedenen Stellen zwei so unterschiedliche Bezeichnungen wie ‚Austromarxist' und ‚Kathedersozialist'; differenzierend jetzt Reich, Anton Menger, S. 93; für Menger als ‚Kathedersozialist' auch: Kraus, Das Bürgerliche Recht, Nr. 37, S. 318; Wieacker, Sozialmodell, S. 13; Wieacker, Privatrechtsgeschichte, S. 457; Hattenhauer, Hierarchie, S. 182/183; vgl. hierzu: 2. Kap. V.

9 Enciclopedia Universal Ilustrada, Europeo-Americana, Tomo 34, Barcelona (Espasa Edit.) ohne Jahr, ca. 1918; Originalzitat:
„... defendió las ídeas del socialismo de Marx y Engels, figurando entre el grupo de los más moderatos ...".

Marx vorgeworfen haben, dieser habe sich mit fremden Federn geschmückt[10]. Wie läßt es sich vereinbaren, daß Mengers Schriften auf dem „Boden der materialistischen Geschichtsauffassung“[11] stehen und doch dem „Marxismus gegenüber versagen“[12] oder auf „betonter Unabhängigkeit gegenüber Karl Marx“[13] beruhen. Engels und Kautskys empörter Spott, daß Menger unter die Marxisten gekommen sei, könne nur ein Versehen sein[14], steht neben der Tatsache, daß ihm von bürgerlicher Seite konzediert wurde, „seine Lehre enthalte das Vernünftigste, was man von sozialistischer Seite über Staat und Recht schreiben könne“[15].

Auch Mengers Verhältnis zur Sozialdemokratie erfährt unterschiedliche Würdigung: Einerseits soll er als entschiedener Sozialdemokrat eine parteipolitische Staatstheorie verfaßt haben[16], andererseits soll er zwar „kein Parteigenosse“, aber „doch einer der unseren“[17] gewesen sein, während sich auch die Feststellung findet, daß Menger „gewiß kein Sozialdemokrat“ war[18].

Diese verwirrende Vielfalt und Gegensätzlichkeit der Standpunkte ist wohl damit in Verbindung zu bringen, daß Menger Fragen des Sozialismus – was auch immer darunter verstanden werden mag – zu einem Mittelpunkt seines Schaffens gemacht hat und daß gerade bei einem solch brisanten Thema ein Rezensent seine Stellungnahme vom eigenen weltanschaulichen Standpunkt nur schwer zu trennen vermag.

Als entscheidende Ursache für derartige Diskrepanzen im Urteil über Anton Menger ist jedoch die Tatsache zu werten, daß nur zu seinen Lebzeiten eine ausführlichere Auseinandersetzung mit seinem Werk existierte. Zu Mengers Tod im Jahre 1906 erschienen zwar noch eine Reihe von ehrenvollen Nachrufen. Aber schon 1923 bestand kein Interesse mehr für die Aufnahme Mengers in die „Neue österreichische Biographie“, obwohl er Österreicher war und seine Bücher seinerzeit in die wichtigsten europäischen Sprachen übersetzt worden waren. Anton Menger wurde nicht einmal in einer Liste mit Namen geführt, die zur Aufnahme in diese Biographie begutachtet werden sollten, obwohl es in einem Begleitschreiben dazu hieß: „Doch wird man bei der ersten Anlage eines

---

10 Marxistisch-leninistische Philosophiegeschichte, S. 161.

11 Dahm, Deutsches Recht, S. 132, Anmerkung.

12 Sombart, Sozialismus, Anhang S. 314.

13 Hippel, Privatrecht, S. 9.

14 MEW Band 21, S. 495.

15 Berolzheimer, Rechts- und Wirtschaftsphilosophie, S. 316.

16 Preuß, Zukunftsstaatsrecht, S. 377; Badura, Staatslehre, S. 160; Stein, Rechtssozialismus, S. 210.

17 Olberg, Anton Menger.

18 Ehrlich, Anton Menger, S. 291.

allgemeinen Namensverzeichnisses lieber ein Zuviel als ein Zuwenig wünschen“[19].

Ein Ziel dieser Arbeit ist es, auf Grund einer Analyse von Mengers sozialpolitisch engagierten Werk seine Vorstellungen vor dem Hintergrund der zeitgenössisch über ihn geführten Diskussion herauszuarbeiten und eine Einordnung seiner Ansichten zu versuchen.

Dazu kommt noch ein weiteres:

2. Sozialgeschichtlicher Hintergrund

Menger hat seine Vorstellungen in einer Zeit veröffentlicht, die vor allem durch die Auswirkungen der industriellen Revolution gekennzeichnet war.

In Deutschland[20] folgte auf die stürmische Industrialisierungsphase von 1849–1873 eine lange Phase des konjunkturellen Abschwungs bis 1896, was sich vor allem durch einen starken Preisdruck und eine im Jahresdurchschnitt erheblich verminderte Unternehmensrentabilität zeigte. In Anlehnung an englische Verhältnisse wurde hierfür der Begriff der ‚Großen Depression‘ geprägt[21]. Es herrschte keine Wirtschaftskrise im eigentlichen Sinn, sondern eine Phase struktureller Wandlungen, der Konsolidierung der industriellen Revolution und einer gewissen Verlangsamung der wirtschaftlichen Expansion. Der verzögerten Zuwachsrate der Gesamtindustrieerzeugung stand ein anhaltendes Bevölkerungswachstum gegenüber, begleitet von einer Binnenwanderung vom Land in die Stadt und von Ost nach West. Auf der Basis des Gebietsstandes des deutschen Reiches von 1913 wuchs die Bevölkerung in der Konjunkturaufschwungphase von 1851–1873 um 17%, während des Abschwungs von 1873–1896 jedoch um 27%, was einer absoluten Bevölkerungszunahme von 41,5 auf 52,7 Millionen Einwohnern entsprach; die Industrieerzeugung nahm demgegenüber nur um 3% zu, während der Zuwachs in der Aufschwungphase 4–5% betragen hatte[22]. Zwei Millionen Menschen wanderten bis zum 1. Weltkrieg aus den Ostgebieten (Ost- und Westpreußen, Schlesien, Pommern, Posen) vor allen Dingen nach Berlin und ins Ruhrgebiet aus. Der Wandel Deutschlands vom Agrar- zum Industriestaat

19 Österreichische Biographie, Vorankündigung am Ende des 1. Bandes von Anton Bettelheim, Zur Neubelebung der Menger-Diskussion in jüngster Zeit vgl. die angeführten Werke von Norbert Reich; auch Hattenhauer, Hierarchie, S. 181–183, widmet Menger etwas mehr Aufmerksamkeit.

20 Die Zugrundelegung der deutschen Verhältnisse rechtfertigt sich dadurch, daß auch Menger „stillschweigend“ von den Verhältnissen des Deutschen Reiches ausging (so auch Kantorowicz, Staatslehre, S. 348); vgl. auch seine Kritik am deutschen BGB-Entwurf.

21 Rosenberg, Wirtschaftskonjunktur, S. 231 ff.; Mommsen, Imperialismus, S. 47.

22 Rosenberg, Wirtschaftskonjunktur, S. 235.

drückte sich auch in den Beschäftigtenzahlen aus: Nur um 0,68% stieg deren Zahl in den 90er Jahren auf dem Agrarsektor, während der Zuwachs in der Industrie 29,4% und im Handel und Verkehr sogar 48,92% betrug[23]. Die Folge war eine erhebliche Verstädterung und Bevölkerungskonzentration in den Ballungszentren.

Diese Entwicklung begünstigte im Industriebereich eine Tendenz zum marktbeherrschenden Großbetrieb; eine Wendung vom freien Wettbewerb zur Kartellbildung setzte ein. Der wirtschaftliche Protektionismus löste den wirtschaftlichen Liberalismus ab; es erfolgte eine Abkehr von der „Freiheit der Wirtschaft vom Staat zur Sicherung der Wirtschaft durch den Staat"[24].

Für alle gegen Arbeitslosigkeit und Kurzarbeit gesicherten Empfänger fester Bezüge, wie Beamte und Offiziere, brachte die ‚große Depression' keine Nachteile; vielmehr war sie wegen sinkender Preise und Lebenshaltungskosten eine Zeit der Prosperität.

Die Einkommensverhältnisse der Lohnarbeiterschaft, die sich in der Zeit des Kaiserreiches zur stärksten sozialen Gruppe entwickelt hatte – 1882 machte ihre Zahl 1/4 und 1907 1/3 der deutschen Bevölkerung aus[25] – verbesserten sich zwar stetig, aber nur sehr langsam, und dies war noch dazu weniger die Folge erhöhter Löhne als vielmehr der allgemeinen Preisdeflation. Ende der 90er Jahre zwangen die fühlbar steigenden Lebenshaltungskosten die Arbeiterschaft zum Kampf für Lohnerhöhungen, um nur den bereits erreichten Besitzstand zu behaupten. Der Anstieg der Reallöhne hielt im übrigen mit dem Anstieg der Arbeitsproduktivität nicht Schritt[26]. Die Arbeitszeiten betrugen um 1890 – außer für Frauen und Kinder – noch immer 10–12 Stunden täglich. Die Wohnverhältnisse – als Folge der Verstädterung – waren katastrophal, und es mußten außerordentlich hohe Mieten bezahlt werden[27].

Die Bismarckschen Sozialgesetze (1883 Krankenversicherungs-, 1884 Unfallversicherungs-, 1889 Invaliditäts- und Altersversicherungsgesetz) stellten zwar eine bahnbrechende Leistung dar, brachten aber nicht die erhoffte Beruhigung der Arbeiterschaft[28]. Die Erbitterung der Arbeiter entlud sich in einer Reihe von Streiks, die jedoch längst nicht alle erfolgreich endeten. Die gewerkschaftliche Organisation entwickelte sich zur Massenbewegung: 1913 hatte die sozialistische

23 Böhme, Sozial- und Wirtschaftsgeschichte, S. 85.

24 Born, Strukturwandel, S. 279.

25 Born, Handbuch, S. 229.

26 Rosenberg, Wirtschaftskonjunktur, S. 240.

27 Mommsen, Imperialismus, S. 83/86.

28 Böhme, Sozial- und Wirtschaftsgeschichte, S. 90; Wieacker, Sozialmodell, S. 15; ähnlich auch Dahrendorf Ralf, Gesellschaft und Demokratie in Deutschland, München 1965, S. 52.

„Generalkommission der Freien Gewerkschaften" einen Mitgliederbestand von 2 573 000[29].

Am elendsten ging es der großen Zahl der Heimarbeiter, den Landarbeitern, Kleinbauern und Häuslern. Nicht nur, daß sie an der wirtschaftlichen Entwicklung nicht beteiligt waren und die Steigerung des allgemeinen Lebensstandards völlig spurlos an ihnen vorübergegangen war; es fehlte ihnen auch das Recht und die Möglichkeit, sich zur Erkämpfung besserer Lebensbedingungen zu organisieren[30].

So läßt sich festhalten, daß die Lebens- und Arbeitsbedingungen ausgangs des 19. Jahrhunderts hart und schlecht waren, das Zeitalter der Massenarmut noch keineswegs sein Ende gefunden hatte, vielmehr „vor 1914 in den großen Industriezentren Europas Massenarmut als ein fast selbstverständliches Phänomen galt"[31].

Unter solchen Umständen war das Problem einer sozialen Integration der Gesellschaft in Angriff zu nehmen; der sich stetig ausbreitenden sozialen Unruhe war Rechnung zu tragen. Dabei stand nicht allein die Arbeiter-, die Handwerker- oder die Großagrarierfrage im Vordergrund: „Das große Problem, das in der ‚Großen Depression' und nicht zuletzt durch sie, erneut ins Rollen kam, war das Problem des Umbaus der Gesellschafts- und Wirtschaftsordnung überhaupt"[32].

Auch und vor allen Dingen waren Gesetzgebung und Rechtswissenschaft aufgerufen, hierbei mitzuwirken. Unter anderen mahnte Otto von Gierke, „der sozialen Aufgabe eingedenk zu sein, die das Privatrecht in der heutigen Gesellschaft zu lösen hat"[33].

Das BGB vom 18. August 1896, das am 1. Januar 1900 in Kraft trat, wurde dieser Aufgabe nicht gerecht. Wieacker nennt es „das spätgeborene Kind der Pandektenwissenschaft"[34]. Das abstrakte Individuum, ein allmächtiger Vertragswille und die Unantastbarkeit des Eigentums waren die Grundprinzipien dieser Kodifikation und sie entsprach damit genau den Erwartungen einer Unternehmergesellschaft, die auf Vertragsschließung, Kapitalanlage und freie Vererbung besonders angewiesen war. Die bürgerliche Wirtschaftsgesellschaft hatte sich zum Repräsentanten der gesamten Nation gemacht und das Gesamtwohl mit dem eigenen identifiziert. Die Interessen der Minderbemittelten fanden keine Berück-

---

29 Mommsen, Imperialismus, S. 90.

30 Mommsen, Imperialismus, S. 99.

31 Mommsen, Imperialismus, S. 99; ebenso übereinstimmend Böhme, Sozial- und Wirtschaftsgeschichte, S. 86 und Rosenberg, Wirtschaftskonjunktur, S. 240.

32 Rosenberg, Wirtschaftskonjunktur, S. 246; in diesem Sinn auch Wieacker, Sozialmodell, S. 12 und Wiethölter, Wirtschaftsrecht, S. 57.

33 Gierke, Soziale Aufgabe, S. 488.

34 Wieacker, Bürgerliches Recht, S. 3/17/18; wörtlich so Wieacker, Sozialmodell, S. 9.

sichtigung; Aufgeschlossenheit sozialen Problemen gegenüber ging dem BGB völlig ab[34a].

3. Mengers Ansatz

Anton Menger gehörte nicht zu denen, die dies unwidersprochen hinnahmen: „Schwerlich hätte ich in alter und neuer Zeit ein Gesetzeswerk finden können, welches die besitzenden Klassen so einseitig begünstigt und diese Begünstigung so unumwunden zu erkennen gibt, wie der deutsche Entwurf“[35]. Die ungeheuren Veränderungen infolge der Großindustrie und der Zusammenballung der Industriearbeiterschaft hätten im Rechtssystem keinen Niederschlag gefunden und in dieser Beziehung müsse die Rechtswissenschaft „geradezu auf ein verlorenes Jahrhundert“ zurückblicken[36].

Anton Menger wollte seinen Teil dazu beitragen, diesen Mangel wieder gutzumachen. Er bemühte sich um eine Aufarbeitung des sozialen Gedankengutes und konstatierte, daß „man ohne Übertreibung sagen kann, daß sich die geschichtliche Aufarbeitung des Sozialismus in einem Zustand befindet, welcher der deutschen Wissenschaft nichts weniger als zur Ehre gereicht“[37]. Menger wollte die „praktischen Vorschläge des Sozialismus zur Umgestaltung unserer Gesellschaft in einem engbegrenzten Gesamtbild zusammenfassen“[38], weil „wenige Klugheitsregeln so allgemein anerkannt sind, als das alte Sprichwort, daß Kritisieren leicht, Bessermachen schwer ist“[39]. Menger meinte, daß „es an der Zeit sei, daß die mißhandelten Volksmassen ihr eigenes Recht, ihre eigene Moral und namentlich ihre eigene Politik erhalten“[40], und er versuchte, ein „sozialistisches Moralsystem in seinen äußersten Umrissen“ zu entwickeln[41].

Menger hat sich also bemüht, einen Beitrag zum „Problem des Umbaus der Gesellschafts- und Wirtschaftsordnung überhaupt“[42] zu leisten. Weil er sich hierbei ausdrücklich auf einen juristischen Standpunkt stellte – er wollte „die

34a In diesem Sinn Wesenberg, Privatrechtsgeschichte, S. 174; Döhring, Rechtspflege, S. 353; Wiethölter, Wirtschaftsrecht, insbesondere S. 56; Wieacker, Bürgerliches Recht, insbesondere S. 2/3; Wieacker, Privatrechtsgeschichte, S. 470; Wieacker, Sozialmodell, insbesondere S. 6/17; ähnlich auch Rasch, Das Ende der kapitalistischen Rechtsordnung, 1946, S. 21.

35 Menger, BGB, Vorrede S.V.

36 Menger, Soziale Aufgabe, S. 15.

37 Menger, Arbeitsertrag, Vorrede.

38 Menger, Staatslehre, Vorrede S. III.

39 Menger, Staatslehre, Vorrede S. IV.

40 Menger, Volkspolitik, Vorrede S. IV.

41 Menger, Sittenlehre, Vorrede S. IV.

42 Vgl. oben Fußnote 32 Rosenberg, Wirtschaftskonjunktur, S. 244.

sozialistischen Ideen ... in nüchterne Rechtsbegriffe verwandeln“[43] und sah die „gegenwärtige sozialistische Diskussion ... auf wenige wirtschaftliche Fragen eingeschränkt“[44] –, verdient Mengers Versuch besonderes Interesse, denn eine Durchforschung des sozialistischen Gedankenkreises vom juristischen Standpunkt aus war ihm zufolge noch nicht einmal versucht worden[45].
Die vorliegende Arbeit versteht sich somit auch als ein Beitrag für eine Aufarbeitung der Geschichte des sozialen Gedankens im Recht, die bis heute noch kaum in Angriff genommen ist[46].

II. Mengers Leben

Anton Menger wurde am 12. September 1841 als 4. Kind der Eheleute Anton Menger von Wolfesgrün und Karoline geb. Gerzabek in Maniov geboren, auf einem Gut, das zwischen den Städten Neumarkt und Kroscienko in Galizien lag[47]. Der Vater war Privatgeschäftsführer[48] und starb schon im Jahr 1848 mittel-

---

43 Menger, Arbeitsertrag, Vorrede.

44 Menger, Staatslehre S. 140, Anmerkung 2.

45 Menger, Arbeitsertrag S. 104.

46 So auch Reich, Einleitung, S. 45, Anmerkung 132; Wiethölter, Wirtschaftsrecht, S. 46, Anmerkung 14; für die soziale Verfassungsproblematik Böckenförde, Verfassungsprobleme, S. 561; auch Ramm, Privatrecht, S. L 247/248.

47 Die Lebensdarstellung schließt eng an die von Carl Grünberg über Anton Menger veröffentlichten Aufsätze an: Grünberg, Biographisches Jahrbuch; derselbe, Leben und Lebenswerk; derselbe, Anton Menger.
Carl Grünberg, der sich nach eigenen Bekundungen zum Schüler- und Freundeskreis Mengers zählte (in Anton Menger, S. 538), stützt seine biographische Skizze „– neben persönlichen Erinnerungen – auf die von Menger hinterlassenen sehr ausführlichen autobiographischen Notizen“ (Leben und Lebenswerk S. 29). Der Aufsatz ‚Leben und Lebenswerk‘ ist eine Erweiterung der im ‚Biographischen Jahrbuch‘ gegebenen Darstellung, wobei diese vollständig ausgewertet wurde. Das Lebensbild ‚Anton Menger‘ beruht auf einer Gedenkrede, die Carl Grünberg am 26.7.1919 im kleinen Festsaal der Wiener Universität anläßlich der Enthüllung des ‚Anton Menger-Denkmals‘ gehalten hat; hierbei griff Grünberg auf seine früheren Arbeiten über Menger zurück.
Wegen der engen Anlehnung an die von Grünberg erarbeiteten Fakten werden diese nicht im einzelnen belegt. Es werden vielmehr nur die Belegstellen angegeben, die Grünbergs Darstellung stützen oder ihr widersprechen.

48 Privatgeschäftsführer hatten neben Advokaten nur einen bescheidenen gesetzlichen Wirkungskreis.
Nach anderen Angaben soll Mengers Vater Advokat gewesen sein, so: Neukamp, Anton Menger, S. 145; Nekrolog, S. 784; Wieser Fr. in Österreichische Biographie über Anton Mengers Bruder Karl, S. 84.

los; daher war bis über die Universitätszeit hinaus „die Not Mengers treue Weggesellin“[49].

Anton Menger hatte neun Geschwister; vier starben bereits sehr früh. Neben ihm brachten es noch zwei Brüder zu Ansehen und Bedeutung:

Dr. Max Menger (10.9.1838–30.8.1911) war Advokat und Reichstagsabgeordneter, wo er dem radikalen Flügel der liberalen Partei angehörte. Seit 1867 hatte er sich in der österreichischen Arbeiterbewegung als Vertreter des Selbsthilfegedankens hervorgetan. Auch mit den ‚Kathedersozialisten‘ muß er sympathisiert haben, denn Boese erwähnt, daß er auf der Wiener Tagung des ‚Vereins für Sozialpolitik‘ vom Herbst 1894 das Wort ergriffen hat[50].

Karl Menger (23.2.1840–26.2.1921) war seit 1873 Professor für politische Ökonomie und Statistik; er war 1876–78 Erzieher des Kronprinzen Rudolf und Herrenhausmitglied. Karl Menger stand als Begründer der sog. österreichischen Schule der Nationalökonomie in bewußtem Gegensatz zum damals herrschenden Historismus des Kathedersozialisten Gustav Schmoller. Sein Verdienst ist insbesondere die Entwicklung der Grenznutzentheorie[51].

Anton Menger besuchte in Biala die Volksschule und zwei Realschulklassen; 1852–56 bezog er das katholische Staatsgymnasium in Teschen. Die folgenden zwei Schuljahre war er am Gymnasium in Troppau, anschließend wieder in Teschen, wo er am 8.3.1859 wegen religiöser Streitigkeiten von der Schule ausgeschlossen wurde. Der Grund war „starre Verweigerung des Gehorsams, Verharren in demselben und Widerspruch“[52]. Menger hatte in der Religionsstunde die Behauptung, ungetauft gestorbene Kinder wären für die Verdammnis bestimmt, bestritten und anstatt zu widerrufen, auf diesem Standpunkt beharrt. Diese Episode mag als Beleg dafür dienen, daß Menger, obwohl Sohn streng gläubiger Katholiken, die zudem in einer protestantischen Umgebung Schwierigkeiten ausgesetzt waren, schon früh Zweifel an religiösen Dogmen hegte; er löste sich bald darauf endgültig vom Glauben und behielt seine antikirchliche Einstellung bis zuletzt.

Als Folge seines ersten Protestes gegen kirchliche Ansprüche konnte Anton Menger die Schule zunächst nicht beenden. Nach einer kurzen Zeit in einer Maschinenschlosserlehre, der er jedoch körperlich nicht gewachsen war, stellt er ein Gesuch an die Krakauer Landesregierung um Zulassung zur Maturitätsprü-

---

49 Olberg, Anton Menger.

50 Kosch, Staatshandbuch, Stichwort Menger Max; Angaben auch bei Grüttefien, Nachruf: Boese, Verein für Sozialpolitik, S. 74.

51 Über Karl Menger ausführlich Wieser in Österreichische Biographie, S. 84; Angaben auch bei Kosch, Staatshandbuch, Stichwort Menger Karl; Grüttefien, Nachruf.

52 Begründung so übereinstimmend in Nekrolog, S. 784, Olberg, Anton Menger und Kosch, Staatshandbuch, Stichwort Menger Anton.

fung. Nach deren Erhalt bestand er die Prüfung am 28.1.1860, also ein halbes Jahr vor dem gesetzlichen Termin.

Anton Menger studierte dann zunächst in Krakau und ab Wintersemester 1860 in Wien Rechtswissenschaft. Die Jurisprudenz, so wie sie gelehrt wurde, befriedigte ihn überhaupt nicht. Er vermißte „freie Kritik", die „wenn eine Spur davon zum Vorschein kam, sich gewiß nicht gegen den Wust des antiken römischen und mittelalterlichen deutschen und kanonischen Rechts richtete, sondern in Wien gegen das bürgerliche Gesetzbuch, in Berlin gegen das preußische Landrecht, welche Gesetzeswerke als Produkte der Aufklärungszeit manche freie Gedanken enthielten"[53].

Menger betrieb gründliche Quellenstudien und beschäftigte sich auch mit Geschichte und Philosophie, wo vor allem Rousseau großen Eindruck auf ihn machte; besondere Vorliebe jedoch zeigte Menger für – Mathematik. Mathematische Probleme ließen Menger sein ganzes Leben nicht los. Unter dem Pseudonym Julius Bergbohm veröffentlichte er eine Reihe von Schriften, die jedoch nicht auf die Resonanz stießen, die Menger sich erhofft hatte[54]. Seltsamerweise hat Menger hier nie die Grenzen seiner Begabung gesehen; er hat sich vor allen Dingen in den 90er Jahren in mathematisch unlösbare Probleme verbissen[55].

Menger beendete sein Studium mit der am 25.7.1865 erfolgten Promotion zum Doktor der Rechte an der Wiener Universität und trat am 1.8.1865 als Konzipient in eine Anwaltskanzlei ein. Erst nach einem halben Jahr bekam er dort ein kümmerliches Gehalt, das sich bis 1868 auf 45 Gulden monatlich erhöhte. Um sein Leben fristen zu können, war Menger nebenbei als Zeitungskorrektor und Vorleser tätig.

Am 1. Januar 1868 erfolgte die Freigebung zur Advokatur, worauf sich Mengers finanzielle Verhältnisse dank seiner ausgezeichneten juristischen Kenntnisse sehr schnell nachhaltig besserten[56]. Für Menger bedeutete Geld jedoch nicht viel; es

---

53 Zitiert nach Grünberg, Leben und Lebenswerk, S. 32/33; Menger hat ausdrücklich an verschiedenen Stellen seines Werkes seine Vorliebe für die Naturrechtskodifikationen geäußert, z.B. BGB S. 11/14 oder Soziale Aufgabe, S. 12/31.

54 Zum Teil wurden Mengers mathematische Arbeiten zur Veröffentlichung sogar abgelehnt.
Mengers mathematische Schriften, zitiert nach Grünberg, Leben und Lebenswerk, S. 78 und Nekrolog S. 788:
Neue Rechnungsmethoden der höheren Mathematik, Stuttgart 1891;
Neue Integrationsmethoden auf Grund der Potenzial-, Logarithmal- und Numeralrechnung, Stuttgart 1892;
Entwurf einer neuen Integralrechnung, 2 Hefte, Leipzig 1892/93.

55 Z.B. der „Darstellung der elliptischen Integralen in geschlossener Form".

56 Olberg, Anton Menger und Kosch, Staatshandbuch sprechen davon, daß ein Losgewinn die Möglichkeit zur selbständigen Ausübung des Anwaltsberufes für Menger geschaffen habe. Da jedoch die persönlichen Freunde Mengers Eugen Ehrlich

war ihm kein Selbstzweck, sondern nur Mittel zur Erlangung und Behauptung von Unabhängigkeit. Diese Einstellung wird auch deutlich durch eine Beschreibung Eugen Ehrlichs, der nach eigenen Bekundungen „einst sein begeisterter Jünger war“[57], sich aber dann unter Fortsetzung des freundschaftlichen Verkehrs innerlich von Menger getrennt hatte: „Groß gewachsen, hager, in nachlässiger, gebückter Haltung, mit seinen schwachen, hinter einer Brille versteckten Augen mehr in sich hinein als in die Welt hinausschauend, mitten im eleganten Wien, wo selbst der Gelehrte auf einen guten Schneider etwas zu geben pflegt, in einem unmöglichen Anzug und Röhrenstiefeln angetan, zeigt er schon äußerlich – gewiß ohne jede Absicht, denn nichts war ihm ferner als Pose –, wie wenig ihm an der Welt und ihrem Tand gelegen war. Seine Lebensweise, selbst die Kost, war spartanisch einfach“[58]. Zu diesem asketischen Bild paßt auch, daß Menger nie verheiratet war; er selbst hat dies folgendermaßen begründet: „Wer in ideale Höhen schwebt, der darf sich nicht mit dem Bleigewicht von Frau und Kindern beschweren“[59].

Mengers Hauptinteresse galt der Wissenschaft; die Advokatur hat ihn nur wegen der damit verbundenen finanziellen Unabhängigkeit befriedigt.

Im Jahre 1872 habilitierte er sich an der Wiener Universität als Privatdozent für österreichisches Zivilprozeßrecht. Er wurde am 19.7.1875 zum außerordentlichen und am 15.7.1877 zum ordentlichen Professor ernannt. Ein bezeichnendes Detail für Mengers Haltung ist die Tatsache, daß er bei seiner Ernennung ausdrücklich um die Weglassung des Adelsprädikates aus der Ernennungsurkunde bat; vom Adelstitel selbst hatte er schon seit den 60er Jahren keinen Gebrauch mehr gemacht.

Menger hat das Fach Zivilprozeß nicht aus einer besonderen Vorliebe heraus gewählt; es hat ihn wohl nie befriedigt[60]. Ausschlaggebend für die Wahl waren allein taktische Gründe: Weil eine der beiden Prozeßkanzeln an der Wiener juristischen Fakultät kurzfristig freigeworden war, eröffnete sich für Anton Menger die baldige Aussicht auf einen Lehrstuhl. Nach kaum zehn Wochen, am 28.4.1871, konnte Menger schon seine Habilitationsschrift „Beiträge zur Lehre von der Execution“ abliefern. Ursprünglich hatte Menger die Absicht gehabt, sich im römischen Recht zu habilitieren; er hatte auch schon eine dann unvollendet und ungedruckt gebliebene Monographie „Zur Systematik des Zivilrechts“ vorbereitet. Grünberg bezweifelt, daß diese Schrift wegen ihres halbsozialistischen Gepräges Anklang gefunden hätte[61].

und Carl Grünberg hierüber kein Wort verlieren, erscheint dies ziemlich unwahrscheinlich.

57 Ehrlich, Anton Menger, S. 298.

58 Ehrlich, Anton Menger, S. 315.

59 Zitiert nach Ehrlich, Anton Menger, S. 316.

60 So auch Klein, Anton Menger.

61 Grünberg, Leben und Lebenswerk, S. 34/35.

Trotz der mehr zufälligen Wahl seiner Spezialdisziplin hat Menger auf prozeßrechtlichem Gebiet Hervorragendes geleistet; er unternahm auf keinen Fall bloß einen „Ausflug in die Prozeßrechtsdoktrin“[62]. Insbesondere vertiefte Menger seine zivilprozessualen Arbeiten rechtsgeschichtlich und wandte als einer der ersten die rechtsvergleichende Methode unter Heranziehung der Prozeßsysteme anderer Kulturvölker an. In der österreichischen Zivilprozeßreform von 1895 sind viele der Mengerschen Vorstellungen fruchtbar geworden[63], vor allem auch über seinen Schüler und Schöpfer dieser Reform, Franz Klein, den damaligen Leiter des Justizministeriums. Franz Klein meinte in einem Nachruf auf Menger, daß dieser durch sein „System des österreichischen Zivilprozeßrechts“ (Wien 1876) vielleicht am meisten dazu beigetragen habe, die Unhaltbarkeit des damals geltenden Prozeßrechts darzutun und somit auch unter diesem Gesichtspunkt zu den Vorläufern der später durchgeführten Reform gezählt werden könne[64].

Menger brachte es während seiner akademischen Laufbahn zu großen Ehren: Er war eine Reihe von Jahren Senator der rechts- und staatswissenschaftlichen Fakultät der Wiener Universität; 1880/81 und 1887/88 war er deren Dekan; 1895/96 führte er das Rektorat der Wiener Universität; 1897 wurde ihm der Titel „Hofrat“ verliehen.

Vor allen Dingen Menger ist es zu verdanken, daß eine Idee zur Einrichtung von „Volkstümlichen Hochschulkursen“ sich rasch verwirklichte. Menger hatte als Senator 1894/95 deren Statut verfaßt; er hatte im akademischen Senat das Referat hierüber geführt und unter seinem Rektorat trat die neue Institution ins Leben. Die Besonderheit der Kurse hat er folgendermaßen beschrieben: „Diese Vorträge sind jedermann zugänglich, der das schulpflichtige Alter überschritten hat; die Zurücklegung der Gymnasialstudien oder der Nachweis einer entsprechenden Vorbildung ist nicht erforderlich. Gegenstand der Vorträge sind alle Wissenschaften, die einer volkstümlichen Darstellung fähig sind; doch sind Vorträge über Fragen, auf die sich die religiösen, nationalen oder sozialen Kämpfe der Gegenwart beziehen oder deren Erörterung zu Agitationen Veranlassung geben könnte, ausgeschlossen“[65]. Auch Einschreibegebühr und Vortragshonorar waren geregelt.

62 So aber Reich, Anton Menger, S. 93.

63 So übereinstimmend Ehrlich, Anton Menger, S. 290; Neukamp, Anton Menger, S. 145; Stiller, Menger Anton; Laskine, Juristischer Sozialismus, S. 35; Philippovich von Philippsberg, Bericht, S. 12/13.

64 Klein, Anton Menger; Mengers zivilprozessuale Schriften in Buchform, neben zahlreichen Zeitschriftenaufsätzen, zitiert nach Grünberg, Leben und Lebenswerk, S. 77:
Die Zulässigkeit neuen tatsächlichen Vorbringens in den höheren Instanzen, Wien 1873;
System des österreichischen Zivilprozeßrechts in rechtsvergleichender Darstellung, I. Band, Der allgemeine Teil, Wien 1876.

65 Menger, Hochschulkurse, S. 479.

Menger bewies mit der Einrichtung dieser Kurse, daß es ihm nicht nur auf eine theoretische Ausarbeitung seiner Vorstellungen ankam, sondern daß er auch die praktische Verwirklichung konkreter Reformvorhaben in Angriff nahm.

Die „Volkstümlichen Hochschulkurse“ wurden beispielgebend für zahlreiche in- und ausländische Einrichtungen ähnlicher Art und nahmen einen ungeheuren Aufschwung: Wurden zu Beginn 1895/96 nur 58 Kurse angeboten, so waren es 10 Jahre später, beim Tode Anton Mengers, schon 104 Kurse mit insgesamt 17 397 Hörern[66].

Schon ab 1873 war jedoch Mengers Hauptintention darauf gerichtet, die „Laufbahn eines sozialistischen Schriftstellers anzutreten“[67]. hierauf richtete er soweit und sobald nur irgend möglich seine Arbeitsenergien. Seine Veröffentlichungen auf dem Gebiet des Zivilprozeßrechts erfolgten vor allem im Zeitraum zwischen 1872 und 1877. Nach seiner Ernennung zum Ordinarius 1877 erschien überhaupt nur noch ein prozeßrechtlicher Beitrag, im wesentlichen ein Abdruck aus seinem damaligen Kollegienheft. Die relative Unabhängigkeit und finanzielle Sicherheit seiner Stellung als ordentlicher Professor erlaubten ihm jetzt, sich ganz auf die Realisierung seiner eigentlichen Pläne zu konzentrieren.

Schon in seiner ursprünglich in Angriff genommenen, dann jedoch nicht zu Ende geführten Habilitationsschrift „Zur Systematik des Zivilrechts“[68] berücksichtigte Menger den Sozialismus ziemlich eingehend. Allerdings waren seine Kenntnisse auf diesem Gebiet damals noch gering. Sie beruhten vor allem auf Reybauds „Etudes sur les réformateurs ou socialistes modernes“ (7. Auflage 1864), einer Schrift, von der Menger später sagte, daß ein Fachmann in ihr Hunderte von gröbsten Irrtümern entdecken müsse[69].

Um Material für seine Studien zu sammeln, unternahm Menger in den 80er Jahren größere ‚Bücherreisen‘ nach Paris, London, Berlin und in die Schweiz; in Berlin erregten seine Büchereinkäufe sogar die Aufmerksamkeit der Polizei. Durch seine Bücherreisen erwarb sich Menger eine umfangreiche Bibliothek, die vor allem wegen ihrer sozialistischen Quellenwerke berühmt wurde.

1886 veröffentlichte Menger als Vorstudie zu seinem geplanten Hauptwerk, der „Neuen Staatslehre“, ein Buch unter dem Titel „Das Recht auf den vollen Arbeitsertrag in geschichtlicher Darstellung“. Präziser hätte der ursprünglich beabsichtigte Titel „Über den Ursprung der sozialen Grundideen unserer Zeit“ den Inhalt dieses Werkes angegeben.

Die Arbeiten an der „Neuen Staatslehre“ erlitten eine Unterbrechung, als der Entwurf eines Bürgerlichen Gesetzbuches für das Deutsche Reich 1887 erschien.

66 Zahlen aus Wiesner, Bericht; Philippovich von Philippsberg, Bericht, S. 9.

67 Zitiert nach Grünberg, Leben und Lebenswerk, S. 37.

68 Vgl. oben, Fußnote 61.

69 Menger, Arbeitsertrag, S. 91.

Menger veröffentlichte – zunächst im „Archiv für soziale Gesetzgebung“ Tübingen 1889/90 – eine vehemente Kritik an diesem Entwurf, die auf große Resonanz stieß.

1889 erschien in Zürich auf Wunsch von Professor Julius Wolf, der mit Ermächtigung des Departments des Inneren der eidgenössischen Bundesregierung handelte, von Menger auch ein „Gutachten über die Vorschläge zur Errichtung einer eidgenössischen Hochschule für Rechts- und Staatswissenschaften“.

In den 90er Jahren beschäftigte sich Menger vornehmlich mit Mathematik. Zeitschriftenaufsätze, die er während seines gesamten Werdeganges vor allem als Vorabdrucke geplanter Werke herausbrachte, erschienen auch in diesen Jahren. Als größere Arbeit auf gesellschaftswissenschaftlichem Gebiet veröffentlichte er jedoch nur 1895 seine Inaugurationsrede anläßlich der Übernahme des Wiener Rektorats „Über die sozialen Aufgaben der Rechtswissenschaft“.

1899 erbat[70] und erhielt Menger seinen Abschied vom Lehramt; er wurde Honorarprofessor für österreichisches Zivilprozeßrecht und Rechtsphilosophie. Entgegen seinem ursprünglichen Wunsch, noch weiter lehrend tätig zu bleiben, widmete sich Menger jetzt ausschließlich seinen eigenen Studien.

Im März 1902 war endlich die „Neue Staatslehre“ vollendet. Deren Ausgabe verzögerte sich jedoch bis April 1903, weil der Verlag, der ursprünglich die Herausgabe übernehmen wollte, diese wegen des sozialdemokratischen Inhalts ablehnte.

1904 war das Manuskript der „Volkspolitik“ abgeschlossen; eine Herausgabe erfolgte jedoch erst posthum im Jahre 1906.

Die „Neue Sittenlehre“ wurde 1905 veröffentlicht. Den Abschluß dieser Arbeiten sollte eine vom sozialistischen Standpunkt aus entworfene „Erkenntnislehre“[71] bilden. Dazu kam es jedoch nicht mehr: am 6. Februar 1906 erlag Anton Menger einer Lungenentzündung in Rom.

Am Grabe des auf eigenen Wunsch ohne priesterliches Geleit und ohne religiöse Zeremonie beerdigten Anton Menger sprachen neben zahlreichen anderen Persönlichkeiten: Freiherr von Philippovich, Rektor der Wiener Universität, Schrutka von Rechenstamm, Dekan, L. Hartmann, Leiter der volkstümlichen Universitätskurse, Auguste Fickert, Präsidentin des Allgemeinen Österreichischen Frauenvereins.[72] Auf Anton Mengers Leben traf zu, was er in seiner Rektoratsrede 1895 den Studenten mit auf den Weg gegeben hatte: „Wer in einer widerstrebenden geistigen Atmosphäre neue Ideen verbreitet, die mit den

---

70 Unrichtig ist, daß Menger nicht ganz freiwillig aus dem Lehramt geschieden sei, weil er sich zu sehr für den Sozialismus eingesetzt habe; so aber Vorwärts, Staatslehre.

71 Menger, Sittenlehre, Vorrede, S. IV.

72 Ehrlich, Nachruf, S. 3.

überlieferten Vorurteilen in Widerspruch stehen, muß gewärtigen, daß sein persönliches Dasein dadurch manchmal getrübt und beeinträchtigt wird"[73].

Testamentarisch hatte Menger seine Bibliothek der Wiener Universität vermacht. Den größten Teil seines Vermögens sollte eine zu begründende Stiftung unter dem Namen „Anton Menger-Bibliothek" erhalten. Dieser Stiftung sollte die Aufgabe zukommen, Originalschriften älterer Autoren, die für die Volkssache eingetreten sind, in streng wissenschaftlichen Neudrucken zu reproduzieren; von den politischen sollten nur demokratische, von den nationalökonomischen nur sozialistische, von den theologischen nur antiorthodoxe Schriften den Gegenstand dieser Bibliothek bilden. Diese Verfügung sollte auf jedem Exemplar abgedruckt werden.

Die Bibliothek umfaßte circa 16 000 Bände und wurde im Jahre 1923 von der rechts- und staatswissenschaftlichen Fakultät der Wiener Universität an die Studienbibliothek für Arbeiter und Angestellte in Wien als Leihgabe übergeben. Die Bestände wurden damals gesondert geführt. In einem Nachruf zum 25. Todestag von Anton Menger hat Oda Olberg 1931 auch die Anton Menger-Bibliothek hervorgehoben, „deren Reichtum an Quellenwerken des Sozialismus sich auch mit der des British Museums messen kann"[74].

1938 wurde als eines der ersten Institute die Arbeiterkammer von den Nationalsozialisten zerschlagen. Der gesamte Buchbestand von 308 500 Bänden wurde in Kisten verpackt nach Deutschland gebracht. Nach dem Krieg konnten nur etwa 35 000 Bände zurückgeführt werden. Darunter waren auch einige wenige Bände aus der so wertvollen Anton Menger-Bibliothek, die jetzt in den allgemeinen Bestand eingereiht sind[75].

---

73 Menger, Soziale Aufgabe, S. 34.

74 Olberg, Anton Menger.

75 Die Angaben über das Schicksal der ‚Anton Menger-Bibliothek' sind einem Schreiben der Sozialwissenschaftlichen Studienbibliothek der Wiener Arbeiterkammer vom 30.12.71 an den Verfasser entnommen.

2. KAPITEL
MENGERS VORSTELLUNG VOM SOZIALISMUS

Da Menger eine sozialistische Gesellschaftsordnung als Zielvorstellung hat, gilt es zu klären, was er mit dem Begriff des Sozialismus verband. Es existieren nämlich zahllose Modelle, die alle für sich reklamieren, sozialistisch zu sein, ohne daß Einigkeit darüber erzielt werden könnte, was darunter zu verstehen ist[1]. Ausgangspunkt für eine Analyse von Mengers Werk hat somit seine Auffassung vom Sozialismus zu bilden[2].

I. Der Sozialismus als Rechtsproblem

Auch Menger war sich der Vielfalt der Vorstellungen über Sozialismus bewußt; gleich einleitend in seinem ersten Werk „Das Recht auf den vollen Arbeitsertrag" stellt er fest, daß „nur jene Forderung einer gründlichen Umgestaltung unseres überlieferten Vermögensrechts als das gemeinsame Programm aller sozialistischen Schulen angesehen werden kann"[3].

An dieser Formulierung fällt dreierlei auf: Menger glaubt eine Forderung aller sozialistischen Schulen aufzugreifen; diese Forderung bezieht sich auf eine Rechtsumgestaltung, und die Rechtsumgestaltung soll nur das Vermögensrecht ergreifen.

1 So auch beispielsweise Ramm, Sozialisten, S. 1/3; Hedemann, Zivilrecht, S. 286; Laskine, Juristischer Sozialismus, S. 17.

2 Im folgenden soll diese Auffassung – wie überhaupt sämtliche Vorstellungen Mengers – als einheitliches Ganzes aus dem gesamten sozialpolitisch engagierten Werk Mengers herausgearbeitet werden. Für dieses Vorgehen spricht die Konzeption Mengers, der das ‚Recht auf den vollen Arbeitsertrag' als Vorstudie zum geplanten Hauptwerk ‚Neue Staatslehre' herausgebracht hat (vergleiche oben S. 12; Grünberg, Leben und Lebenswerk, S. 39) und dessen später veröffentlichte Werke ‚Neue Sittenlehre' und ‚Volkspolitik' die dort entwickelten Vorstellungen zur Voraussetzung haben. Es finden sich zum Teil gegenseitige Verweisungen auf Probleme, die im einen Werk nur angesprochen, im anderen aber näher ausgeführt sind, so beispielsweise die Verweisung auf die ausführliche Erörterung der Verteilungsproblematik in Arbeitsertrag, S. 164 auf Staatslehre, S. 95 ff.; oder die Verweisung auf die ausführliche Behandlung der ökonomischen Grundrechte in Staatslehre, S. 99/104 auf Arbeitsertrag, S. 6 ff. Menger hatte auch Gelegenheit, bei der Bearbeitung späterer Auflagen seiner älteren Bücher etwaige Diskrepanzen zu neueren Werken zu korrigieren. Die Kontinuität der Mengerschen Vorstellungen im Einzelfall wird aus den angeführten Belegstellen ersichtlich werden.

3 Menger, Arbeitsertrag, S. 1.

1. Anerkennung der Institutionen Staat und Ehe

Mit seiner nur auf eine Umgestaltung des Vermögensrechts gerichteten Forderung grenzt sich Menger gegenüber denjenigen ab, die daneben auch noch eine Abschaffung des Staates und eine Neuordnung des geschlechtlichen Lebens erstreben[4].

Die Notwendigkeit des Staates liegt für Menger in seiner Funktion zur friedlichen Konfliktbeseitigung. Menger diskutiert die verschiedenen anarchistischen Anschauungen – vor allem von Godwin, Stirner, Proudhon und Bakunin – und kommt zu dem Ergebnis, daß das freie Kräftespiel unter Abschaffung des staatlichen Zwanges in absehbarer Zeit nicht zu verwirklichen ist. Der Grund hierfür liegt in der jahrtausendelangen Entwöhnung der Menschen von der freien Selbstbestimmung; schon bei solchen Problemen wie Güterverteilung oder Berufswahl wäre ein Scheitern zu erwarten, weil jeder nur das Beste für sich und niemand weniger Gutes oder Unangenehmes wählte[5].

Eine Forderung nach Umgestaltung des Familienrechts ist – trotz mißverständlicher Formulierungen[6] – Mengers Ansicht nach deswegen kein allgemein anerkannter Punkt eines sozialistischen Programms, weil auf diesem Gebiet bei weitem keine so furchtbaren Gegensätze zwischen Reichen und Armen bestehen wie bei der Verteilung der Vermögen[7]; vielmehr bestehe bezüglich des Geschlechtsgenusses eine „Art demokratischer Gleichheit zwischen den Staatsbürgern"[8]. Die Einehe entspricht nach Menger bei einem Vergleich mit wirtschaftlichen Verhältnissen einem Zustand, „in dem das Eigentum gleichgeteilt und das Erbrecht aufgehoben ist". Unter Fortführung dieses Vergleichs gelangt Menger zur Ablehnung der „freien Liebe", weil sie der freien Konkurrenz im Wirtschaftsleben entspreche[9].

Seine Ablehnung, unter anderem auch gegen August Bebels „Die Frau und der Sozialismus" gerichtet, hat Menger von seiten der Anhänger dieses sozialdemokratischen Arbeiterführers keine Zustimmung eingebracht[10]. Auch sonst wurde seine Einstellung in familien- und eherechtlichen Fragen „als fast geradezu rückständig und jedenfalls merkwürdig konservativ" kommentiert[11]. Eugen Ehrlich führt die Tatsache, daß Menger sich nicht an die Ehe „herangewagt" hat,

4 Menger, Arbeitsertrag, S. 1.
5 Menger, Staatslehre, S. 11/12/14.
6 Menger, Staatslehre, S. 22/76.
7 Menger, Arbeitsertrag, S. 1; Staatslehre, S. 77/126.
8 Menger, Staatslehre, S. 24.
9 Menger, Staatslehre, S. 132.
10 Heine, Utopien, S. 656.
11 Grünberg, Leben und Lebenswerk, S. 57; Savigny, Staatslehre, S. 130; Preuß, Zukunftsstaatsrecht, S. 397; Kraus, Das Bürgerliche Recht, Nr. 34.

obwohl er sonst nur geringe Achtung vor dem Hergebrachten gehabt hätte, auf eine „gewisse heilige Scheu zurück"; den weltfremden Gelehrten Menger hätten die Frauen eben nur als gesellschaftliche Einrichtung, nicht als Gattung und Individuum interessiert[12].

Daß Menger seine sozialistischen Forderungen nur auf eine Umgestaltung des Vermögensrechts gerichtet hat, hat Sorel kritisiert: „C'est pourquoi Menger rétrécit trop le champ du socialisme, quand il prétend n'y maintenir que des revendications purement matérielles"[13].

Georges Sorel, der an Hand von Mengers „Das Recht auf den vollen Arbeitsertrag" die juristischen Aspekte des Sozialismus untersucht hat, faßt seine Einwände gegen Menger folgendermaßen zusammen: „Il réduit tout à des questions de droit privé et ce droit privé est an l'air; il semble tomber des nues. Cette conscience juridique s'alimente à des sources variées; c'est pourquoi les questions relatives à l'Etat, à la religion, aux relations sexuelles ne sont pas étrangères au socialisme: si on ne les examine pas, le désir de la transformation du droit privé devient inintelligible et par suite dénué d'efficacité dans le domaine juridique"[14].

2. Verwandlung sozialistischer Ideen in Rechtsbegriffe

Die Verwandlung sozialistischer Ideen in Rechtsbegriffe ist ein Hauptanliegen Mengers. Er will unabhängig von den „endlosen volkswirtschaftlichen und philanthropischen Erörterungen" den politischen Staatsmännern auf diese Weise ganz nüchtern zeigen, wie die geltende Staatsordnung im Interesse der Unterprivilegierten umzugestalten ist[15]. Menger entwickelt diese Auffassung in bewußtem Gegensatz zur „sozialistischen Theorie seit Ricardo"[16] und gegen den deutschen Sozialismus, der „infolge von Lassalle, Marx und Rodbertus fast ausschließlich auf die wirtschaftliche Seite" gerichtet ist[17]. Gerade die Ausbildung einer sozialistischen Staatslehre[18] „ohne nationalökonomische Verbrämungen"[19] erachtet Menger für notwendig; er glaubt, daß widersprüchliche Vorstellungen über die Ausgestaltung der zukünftigen Gesellschaft eben dadurch verursacht werden, daß „es sich hier um juristische Probleme handelt, während

12 Ehrlich, Nachruf, S. 2; derselbe, Anton Menger, S. 315.

13 Sorel, Aspects juridiques, S. 585.

14 Sorel, Aspects juridiques, S. 585.

15 Menger, Arbeitsertrag, Vorrede.

16 Menger, Arbeitsertrag, S. 37.

17 So Menger, BGB, S. 2; auch Staatslehre S. 54/140.

18 Menger, Arbeitsertrag, S. 107/109.

19 So Menger Arbeitsertrag, S. 37/112; Staatslehre S. 54.

die Durchforschung des sozialistischen Gedankenkreises vom juristischen Standpunkt bisher noch nicht einmal versucht worden ist“[20]. Die Schaffung einer für die besitzlosen Volksklassen günstigen Rechtsordnung sollte nach Menger das wichtigste Anliegen der Menschen in nicht allzu ferner Zukunft sein[21]. Er unternimmt mit seinem Werk den Versuch, „aus der ungeheuren Masse von Kritiken, Ahnungen und Prophezeiungen unserer sozialistischen Literatur die Grundgedanken in juristischer Form herauszuschälen und ihnen dadurch eine Kürze und Klarheit zu verleihen, wie sie nur die Rechtswissenschaft den praktischen Ideen zu gewähren vermag“[22].

Auch von Menger sonst kritisch gegenüberstehenden Rezensenten ist dieser Versuch, die soziale Frage juristisch zu beantworten, begrüßt und als verdienstvoll anerkannt worden[23]. Dabei betonen die Kritiker die Eigenständigkeit des Mengerschen Ansatzes und sie bescheinigen ihm, daß er als erster versucht hat, konsequent juristisch argumentierend sozialistische Forderungen zu entwickeln[24]. Charles Rist hat über Mengers Arbeit folgendermaßen geurteilt: „Le socialisme tout entier se dresse devant nous avec la rigueur d'une construction juridique. C'est là ce qui fait l'intérêt et la nouveauté de la méthode“[25].

Höchstens Ferdinand Lassalle mit seinem „System der erworbenen Rechte“ (2 Bände, 1861) könnte in gewisser Beziehung als Vorgänger Mengers angesehen werden[26]. Lassalle wollte mit seinem Buch nach eigenen Bekundungen „eine feste Burg eines wissenschaftlichen Rechtssystems für Revolution und Sozialismus ... erbauen“[27] und hatte die Absicht, Einfluß auf Rechtsprechung, Gesetzgebung und Rechtswissenschaft zu nehmen. Aber abgesehen davon, daß Menger selbst Lassalle nie als Vorgänger angesehen hat[28], ist bei Lassalle zu beachten, daß dieser, Erfolgschancen einkalkulierend, eher taktisch vorging und den Weg der juristischen Argumentation als einen unter vielen beschritten hat[29]. Eine konsequent vertretene juristische Position ist bei Lassalle nicht vorhanden.

---

20 Menger, Arbeitsertrag, S. 104.

21 Menger, Gutachten S. 5.

22 Menger, Arbeitsertrag, Vorrede S. VI.

23 Kantorovicz, Staatslehre, S. 353; Neukamp, Anton Menger, S. 146; Preuß, Zukunftsstaatsrecht, S. 377; Ruhland, Arbeitsertrag, S. 580; Schwiedland, Arbeitsertrag, S. 468; Steinbach, Grundideen, S. 534; Vogelsang, Arbeitsertrag, S. 584.

24 So auch Kraus, Das Bürgerliche Recht, Nr. 33.

25 Rist, Un nouveau livre, S. 904; auch S. 889/910.

26 So auch Grünberg, Leben und Lebenswerk, S. 34/35; Stiller, Menger Anton; so jetzt auch Reich, Sozialismus, S. 50.

27 Lassalle, Reden und Schriften, S. 468.

28 Vgl. Menger, Arbeitsertrag, S. 111 ff.

29 Ramm, Lassalle, S. 25 ff./28; zur taktischen Bedingtheit der Äußerungen Lassalles auch Wehler, Sozialdemokratie, S. 29.

3. Juristischer Sozialismus

Menger hat mit seinem Ansatz einer Richtung entscheidende Impulse gegeben, die insbesondere in Frankreich unter dem Terminus „socialisme juridique" diskutiert worden ist. Die Begriffsbildung ist hier – wie immer, wenn es um Sozialismus geht – überaus schwankend und unsicher.

Edmond Laskine faßt in einem ursprünglich französisch geschriebenen und dann auch deutsch erschienenen Aufsatz so unterschiedliche Männer wie Dühring, Schröder, Schmoller, Wagner, Marx oder Jean Jaurès unter der Bezeichnung ‚juristischer Sozialismus' zusammen und würdigt in diesem Zusammenhang auch Mengers Beitrag ausführlich[30]. Folgende Kriterien zur Bestimmung dessen, was unter ‚juristischem Sozialismus' zu verstehen sei, hat Laskine herausgearbeitet: „Variabilität und wesentlich soziale Struktur des Rechts, einseitiger Klassencharakter des herrschenden Rechts, Notwendigkeit einer Anpassung des Rechts an das Ganze der sozialen und ökonomischen Entwicklung: diese Ideen beherrschen in grundlegender Weise alle Juristen, die an die Rechtsprobleme vom Standpunkt des sozialen Interesses aus herangetreten sind"[31].

André Mater bedauert, daß bis jetzt niemand den ‚socialisme juridique' systematisch bearbeitet hat[32]. Er stellt die Grundthese auf, daß sämtliche Überlegungen vom bestehenden Recht auszugehen haben; im Anschluß daran entwickelt er vier Forderungen an den ‚juristischen Sozialismus':

„En définitive, le socialisme juridique comporte en premier lieu la résolution de présenter non pas la réforme, mais la révolution sociale, comme une réalisation nouvelle et non comme une violation ou une modification de la loi. . . .

La deuxième règle du socialisme juridique est de choisir, comme fins à poursuivre d'abord, les points du programme socialiste dont la réalisation s'annonce déjà dans les transformations ou déformations du droit. . . .

La troisième règle du socialisme juridique consiste à formuler juridiquement les revendications socialistes, . . .

La quatrième règle . . . consiste à interpréter le droit en vigueur dans le sens des revendications formulées[33] . . .".

Inwieweit Menger diesen Vorstellungen nahegekommen ist, hat Mater auch erörtert.

Schärfere Konturen hat der Begriff des ‚juristischen Sozialismus' oder ‚socialisme juridique' jedoch nie erhalten; bald nach Mengers Tod ist die Diskussion darüber auch wieder völlig abgebrochen.

---

30 Laskine, Juristischer Sozialismus passim; zu Menger S. 33–39.

31 Laskine, Juristischer Sozialismus, S. 53.

32 Mater, Socialisme juridique, S. 1.

33 Mater, Socialisme juridique, S. 3/4/7/9.

4. Verhältnis zum Marxismus

Um Menger zu verhöhnen, wurde von Engels und Kautsky die Bezeichnung „Juristen-Sozialismus“ gewählt[34]. Der Spott Engels und Kautskys über Mengers Ansatz ist aufgrund der marxistischen Rechtsauffassung nur konsequent, der zufolge „die jedesmalige ökonomische Struktur der Gesellschaft die reale Grundlage bildet, aus der der gesamte Überbau der rechtlichen und politischen Einrichtungen ...“ zu erklären ist[36]. Auch Hugo Preuß meint, daß Menger im Sinne des Marxismus reine Ideologie betreibe: ebenso könne man das Wetter zur Zeit des Zukunftsstaates voraussagen wie die Rechtsordnung entwickeln, die das kollektive Wirtschaftsleben aus sich erzeugen werde[37].

Zwar verzichtet auch der Marxismus nicht auf die Aufstellung bestimmter Rechtsforderungen; aber die „Ansprüche jeder Klasse wechseln im Lauf der gesellschaftlichen und politischen Umgestaltungen, sie sind in jedem Land verschieden, je nach seinen Eigentümlichkeiten und dem Höhegrad seiner sozialen Entwicklung“; Mengers Versuche hingegen, bestimmte Rechtsforderungen aufzustellen, werden für „abschreckend“ gehalten[38] und auch heute noch in der DDR als „idealistische Gegenthese“ zu Marx abgelehnt[39].

5. Berührung mit dem staatsrechtlichen Positivismus

Wenn nicht mit marxistischem Rechtsverständnis, so hat das Mengersche Vorgehen doch enge Berührungspunkte mit dem staatsrechtlichen Positivismus jener Zeit. Der staatsrechtliche Positivismus war gekennzeichnet „durch eine sachliche Isolierung gegenüber Staatstheorie, Philosophie, Geschichte und Soziologie und eine logisch-formale Behandlungsweise des Staatsrechts“[40]. Seine Ausprägung hatte er im 19. Jahrhundert insbesondere durch Gerber und Laband erfahren, die ihre juristischen Auffassungen unter Verkennung des Zusammenhangs mit der gesellschaftlichen Wirklichkeit entwickelten[41]. Paul Laband hat seine Methode folgendermaßen umrissen: „Die wissenschaftliche Aufgabe der Dogmatik eines bestimmten positiven Rechts liegt aber in der Konstruktion der Rechtsinstitute, in der Zurückführung der einzelnen Rechtssätze auf allgemeinere Begriffe und andererseits in der Herleitung der aus diesen Begriffen sich ergebenden Folgerungen ... ; alle historischen, politischen und philosophischen

34 MEW 21/491.

36 MEW 19/208; auch MEW 3/61 ff., 341 und viele andere Stellen.

37 Preuß, Zukunftsstaatsrecht, S. 380.

38 MEW 21/509.

39 Marxistisch-leninistische Philosophiegeschichte, S. 163.

40 Böckenförde, Gesetz, S. 211.

41 Hierzu gründlich Wilhelm, Methodenlehre, S. 11/102/135/140.

Betrachtungen – so wertvoll sie an und für sich sein mögen – sind für die Dogmatik eines konkreten Rechtsstoffes ohne Belang und dienen nur zu häufig dazu, den Mangel an konstruktiver Arbeit zu verhüllen"[42].

So verstanden ist auch der Mengersche Ansatz positivistisch, weil auch Menger in seiner Argumentation sämtliche Bezüge ausschalten will, die keinen juristischen Charakter haben und weil er frei von „nationalökonomischen Verbrämungen"[43] seine Rechtsvorstellungen entwickeln möchte. Im Gegensatz zu Gerber und Laband deduziert Menger jedoch nicht allein aus Begriffen; er berücksichtigt sehr wohl die realen Machtverhältnisse, wenn er auch bei seiner Argumentation die ökonomischen Bezüge bewußt ausschließt.

Mengers Vorgehen ist aber auch deshalb positivistisch, weil Menger glaubt, für das Ingangsetzen von Veränderungen sei es ausreichend, sich über gesellschaftliche Reformen Gedanken zu machen und das Ergebnis dieser Gedanken zu Papier zu bringen; die Durchsetzung werde dann schon möglich sein, wenn nur einmal klar niedergelegt sei, was überhaupt zu geschehen habe. Die zukünftige Ordnung ist also das Ergebnis gedanklicher Konstruktion; Menger erwartet sich allein von der Ausformulierung seiner Vorstellungen deren Realisierung durch die Staatsmänner[44]. Er verdeutlicht diese Einstellung an folgendem Beispiel: „Aber wie wenig die größten sozialen Mißstände geeignet sind, eine Umgestaltung der Gesellschaftsordnung herbeizuführen, wenn den Nationen nicht ein klares, von aller Überschwenglichkeit freies Bild des künftigen Zustandes vorschwebt, zeigt ein Blick auf das sinkende römische Reich". Die Produktionsmittel seien damals zwar zentralisiert, die Leiden der Sklaven ungeheuer gewesen, es habe auch Kritik an diesen Zuständen gegeben, aber weil eine gründlich ausgebildete sozialistische Staatslehre vom juristischen Standpunkt aus fehlte, „folgte auf den Sturz des weströmischen Reichs nicht etwa der Sozialismus, sondern – die mittelalterliche Rechtsordnung"[45].

Menger übergeht das Problem, ob eine gründlich ausgebildete mittelalterliche Rechtsordnung vorformuliert war. Als „geradezu horrend" haben Engels und Kautsky diese Vorstellung Mengers verspottet. Für sie ist die Entwicklung der Produktion für den Erfolg des Sozialismus ausschlaggebend; da die Entwicklung der römischen Landwirtschaft während der Kaiserzeit einerseits zur Ausdehnung der Weidewirtschaft und zur Entvölkerung des Landes führte, andererseits die Güter in kleine Pachten und Zwergbetriebe zerschlagen wurden, deren Inhaber die Vorläufer der späteren Leibeigenen waren, war in dieser Produktionsweise diejenige des Mittelalters schon im Keim enthalten. „Und unter anderem schon darum, wertester Herr Menger, folgte auf die Römerwelt ‚die mittelalterliche

42 Laband, Staatsrecht, Vorwort zur 2. Auflage, S. IX.

43 Vgl. oben, 2. Kapitel, Anmerkung 19.

44 Vgl. oben, 2. Kapitel, Anmerkung 15.

45 Menger, Arbeitsertrag, S. 107.

Rechtsordnung'. ... Man sieht, welchen Vorteil es hat, wenn man sich von ökonomischen ,Verbrämungen' möglichst ferne hält"[46].

II. Der Sozialismus als Verteilungsfrage

Menger möchte eine Vermögensumgestaltung über eine Umverteilung der produzierten Sachgüter und Dienstleistungen erreichen: sämtliche Genüsse sollen unter die Mitglieder der Gesellschaft gerechter verteilt werden[47]. Er hält die Verteilungsfrage für den Mittelpunkt aller sozialistischen Systeme; allein dieses Problem ist ihm zufolge für den praktischen Wert der sozialistischen Theorien entscheidend[48].

1. Subjektive und objektive Verteilungssysteme

Menger unterscheidet subjektive und objektive Verteilungssysteme, die gemäß seiner Auffassung vom rationalen Charakter der sozialistischen Theorie nicht naturwüchsig entstanden sind, sondern das Ergebnis politischer und wissenschaftlicher Reflexion bilden. Der Unterschied zwischen subjektiven und objektiven Verteilungssystemen liegt für ihn darin, daß bei objektiven Systemen ökonomische Tatsachen den Verteilungsmaßstab bilden, während subjektive Verteilungssysteme an individuelle Unterschiede wie Geschlecht oder Erziehung anknüpfen[49].

Menger weist darauf hin, daß subjektive Verteilungssysteme immer im Kommunismus angewendet werden müssen, während im Sozialismus beide Arten der Systeme Anwendung finden können. Dies folgt aus Mengers Auffassung vom Kommunismus:

Er geht davon aus, daß eine konsequente Anwendung des Gleichheitssatzes bei der Güterverteilung ohne Rücksicht auf die Stellung des einzelnen und die von ihm erbrachte Arbeit die Begriffsbestimmung des Kommunismus ausmacht[50]. Dabei ist es Menger klar, daß eine völlige Gleichstellung infolge der natürlichen Verschiedenheit der Menschen ausgeschlossen ist: Säuglinge zum Beispiel brauchen andere Nahrung als Erwachsene oder Männer andere Kleidung als Frauen. Es kommt ihm jedoch darauf an, den Kommunismus so zu definieren,

---

46 MEW 21/496, 497.

47 Menger, BGB, S. 7; dieser Gedanke auch in Arbeitsertrag, S. 152.

48 Menger, Staatslehre, S. 95.

49 Menger, Staatslehre, S. 95; zum rationalen Charakter der sozialistischen Theorie auch Staatslehre, S. 223.

50 Menger, Staatslehre, S. 25/26.

daß unter seiner Herrschaft keine über diese natürlichen menschlichen Unterschiede hinausgehenden Differenzierungen bei der Verteilung der materiellen Genüsse unter die Menschen bestehen sollen[51].

Menger hält ein solches kommunistisches System weder für wünschenswert noch für praktikabel, weil das Streben der Menschen nach wirtschaftlichen Verbesserungen, das doch die wesentlichste Triebfeder des Fortschritts bildet, dadurch keinen Anreiz erhält.

Aus denselben Gründen lehnt Menger auch ein subjektives Verteilungssystem ab, bei dem jedes Mitglied eines Staates oder Verbandes sich von den nützlichen Dingen so viel aneignen kann, wie es will[52]. Menger läßt keinen Zweifel daran, daß er ein solches höchstens im kommunistischen Anarchismus verwirklichbares Verteilungssystem nicht befürwortet, weil ein Zustand, wo jeder so viel konsumieren und so wenig arbeiten kann, wie er will, eine jahrhundertelange Umerziehung der Menschen voraussetzt[53].

Nur der Vollständigkeit halber, um grundlegende Lösungsversuche für das Verteilungsproblem vorzustellen, und ohne es zu befürworten, erörtert Menger auch ein objektives Verteilungssystem, bei dem das Eigentum an Grund und Boden dem Staat oder der Gemeinde zusteht, während die industrielle Fertigung sich in Privateigentum befindet. Menger hält ein solches System nicht für besonders sozialistisch und vergleicht es mit den Verhältnissen in einer russischen Dorfgemeinde (Mir); er meint: „eine solche soziale Ordnung trägt daher alle Merkmale des heutigen privatrechtlichen Verkehrs, nur ist für eine gleichmäßige Verteilung des Grundbesitzes Sorge getragen“[54].

2. Grundsätzliche Kritik

Bevor im einzelnen dargelegt wird, wie Menger selbst sich die Lösung der Verteilungsproblematik vorgestellt hat, sollen grundsätzliche Einwände gegen den Ansatz erörtert werden, den Sozialismus nur als Problem der Verteilung des Vermögens anzusehen.

Marx hat es im Rahmen seiner Kritik am Gothaer Programm der deutschen Sozialdemokratie, ohne Menger direkt zu erwähnen, als „Vulgärsozialismus“ bezeichnet, wenn die Distribution als von der Produktionsweise unabhängig betrachtet wird und daher der Sozialismus als eine hauptsächlich die Verteilung betreffende Frage erscheint; für Marx ist die jedesmalige Verteilung der Konsumptionsmittel nur die Folge der unterschiedlichen Verteilung der Produk-

51 So auch Menger, Sittenlehre, S. 48.

52 Menger, Staatslehre, S. 96/97.

53 Menger, Staatslehre, S. 11/12/97.

54 Menger, Staatslehre S. 106.

tionsbedingungen selbst[55]. Produktion und Austausch sind die Grundlage aller Gesellschaftsordnungen, und nur aus der Veränderung dieser Produktions- und Austauschbedingungen erwachsen auch gesellschaftliche Veränderungen[56].

Aber auch Eugen Ehrlich, der keinen marxistischen Standpunkt einnimmt, widerspricht in dieser Hinsicht Menger. Ehrlich geht davon aus, daß unter Sozialismus „das Streben nach gemeinwirtschaftlicher Gestaltung der Gütererzeugung" zu verstehen sei[57]. Menger lasse, wenn er die soziale Frage nur auf ein Verteilungsproblem verenge, völlig außer Acht, daß auch schon unter jetzigen Verhältnissen der größte Teil des wirtschaftlichen Zuwachses nicht in Gebrauchsgegenständen bestehe, die zu verteilen wären. Vielmehr werde der größte Teil des Ertrages, anstatt verzehrt zu werden, zur weiteren Anschaffung von Rohstoffen und Maschinen verwendet, also „kapitalisiert". Die Menger vorschwebende zukünftige soziale Ordnung habe kaum Mittel zu einer Neuverteilung übrig, da auch in ihr für eine solche „Kapitalisierung" gesorgt werden müsse[58].

Darüber hinaus vermißt Ehrlich bei Menger Angaben darüber, woher die sozialistische Gesellschaft nach einer Umverteilung die Mittel für Verbesserungen der Lebensumstände der Bevölkerung hernehmen will[59]. Weil Menger sich über diesen Punkt überhaupt nicht geäußert hat, zieht Ehrlich als technische und volkswirtschaftliche Ergänzung zu Mengers Vorstellungen das Werk des Anonymus Atlantikus „Ein Blick in den Zukunftsstaat" (Stuttgart 1898) heran. Ehrlich geht so vor, weil er den Mengerschen Standpunkt in diesem Buch vertreten findet; und das mit guten Gründen: Einerseits zitiert Menger Atlantikus in verschiedenen Zusammenhängen zustimmend[60]; andererseits hat Atlantikus Mengers Vorstellungen, zum Beispiel zur Utopie[61], als richtig übernommen. Auch Kautsky bescheinigt in einer Vorrede zu diesem Buch dem Verfasser eine Verwandtschaft mit Menger[62].

Atlantikus möchte nachweisen, daß eine nach einem bestimmten Plan geordnete Gütererzeugung nicht nur eine gerechtere Verteilung des Volkseinkommens, sondern auch eine solche Ertragssteigerung mit sich bringt, daß der Bedarf aller reichlich gedeckt wird. „Kann dagegen gezeigt werden, daß bei Verstaatlichung der Produktionsmittel, planmäßiger Organisation der Arbeit und strenger Regelung der Produktion nach dem Bedarf nicht nur allgemeiner Wohlstand

55 MEW 19/22.

56 MEW 19/210.

57 Ehrlich, Anton Menger, S. 288.

58 Ehrlich, Anton Menger, S. 296/297.

59 Ehrlich, Anton Menger, S. 299.

60 Menger, Staatslehre, S. 132/172/187.

61 Atlantikus, Zukunftsstaat, S. 2.

62 Atlantikus, Zukunftsstaat, Vorrede S. V.

eintreten, sondern auch die Arbeitszeit noch verkürzt werden kann ..."[63], so sind für Atlantikus alle anderen Probleme zweitrangig.

Seiner Fragestellung nähert sich Atlantikus mit umfangreichen Berechnungen, wobei er von der bestehenden, allerdings mit den besten technischen Anlagen versehenen Produktion ausgeht[64]; darüber hinaus bezieht er auch noch die Verfügungsmacht über die Kolonien in seine Überlegungen mit ein[65]. Er kommt zu dem Ergebnis, „daß es nur an der Wirtschaftsform liegt, wenn keine besseren Resultate erzielt werden"[66].

Demgegenüber wendet Ehrlich ein – und diese Einwendungen gelten auch gegen Menger –, daß eine sozialistische Organisation der Gesellschaft nicht die Ursache wirtschaftlichen Aufschwungs werden kann, sondern Verbesserungen nur dadurch möglich sind, „daß die vorhandene Gütermenge vergrößert wird, sei es durch größere Arbeitsleistung, sei es durch größere Ergiebigkeit der Arbeit"[67].

Ehrlich ist es also nicht möglich, „in der sozialen Frage mit Menger bloß eine Verteilungsfrage zu erblicken", sie ist für ihn vielmehr „vor allem eine Frage des technischen Fortschritts in der Gütererzeugung, der, dank der Organisation der Arbeitermassen und sozialpolitischen Maßregeln schließlich dem ganzen Volk zugute kommen muß"[68].

Aus seiner persönlichen Bekanntschaft mit Menger berichtet Ehrlich, daß dieser, immer wenn die Rede auf solche Probleme kam, auf die kommunistischen Gemeinden in Nordamerika hingewiesen habe, wo alles vorzüglich funktioniere; Einwendungen hiergegen seien zwecklos[69] gewesen. Wie vielen seiner Zeitgenossen ist Menger hier romantischen Vorstellungen über die nordamerikanischen Verhältnisse erlegen.

III. Die ökonomischen Grundrechte

In konsequenter Durchführung seines Ansatzes, sozialistische Ideen in Rechtsbegriffe zu verwandeln, erhofft sich Menger eine grundlegende Lösung der Verteilungsfrage von der Aufstellung ökonomischer Grundrechte: Um die letzten

63 Atlantikus, Zukunftsstaat, S. 1.

64 Atlantikus, Zukunftsstaat, S. 46.

65 Atlantikus, Zukunftsstaat, S. 18/19.

66 Atlantikus, Zukunftsstaat, S. 104.

67 Ehrlich, Anton Menger, S. 303.

68 Ehrlich, Anton Menger, S. 304.

69 Ehrlich, Anton Menger, S. 298; auch in seinem Werk selbst verwendet Menger diese Kommunistengemeinden oft als Beispiele, vgl. Staatslehre S. 99/119/233; Sittenlehre S. 79; der Marxist Kautsky, Sittenlehre S. 84, hat ausdrücklich darauf hingewiesen, daß die Kommunistengemeinden mit Sozialismus nichts zu tun hätten.

Zwecke des Sozialismus knapp zu bezeichnen, postuliert er das ‚Recht auf Existenz‘, das ‚Recht auf den volen Arbeitsertrag‘ und das ‚Recht auf Arbeit‘[70].

Dabei ist Menger sich wohl bewußt, „daß man auf die Anerkennung der politischen Grundrechte oft einen übermäßigen Wert gelegt hat, der mit ihrem geringen praktischen Wert in einem auffallenden Mißverhältnis steht; dennoch ist die Aufstellung solcher Grundrechte auf dem wissenschaftlichen Gebiet nicht ohne Nutzen, weil sie die wichtigsten Zwecke der politischen und sozialen Bewegungen mit einem Schlagwort kennzeichnen“[71].

Auf den Widerspruch, einerseits von der „geringen praktischen Wirksamkeit“ von Grundrechten und im selben Atemzug jedoch auch von ihrem „Nutzen“ zu sprechen, haben insbesondere Engels und Kautsky hingewiesen[72].

1. Recht auf Existenz – Recht auf den vollen Arbeitsertrag – Recht auf Arbeit

Das Recht auf Existenz wird durch staatliche Güterverteilung gewährleistet, die nach Maßgabe der Bedürfnisse erfolgt und mit einer mit Strafe bewehrten Arbeitspflicht aller arbeitsfähigen Bürger einhergeht[73]. Geleistete Arbeit und zugewiesene Güter brauchen jedoch in keinem Verhältnis zueinander stehen[74]. Anknüpfungspunkt für die Verteilung sind also die Existenzbedürfnisse des einzelnen, die vor minder dringenden Bedürfnissen anderer zu befriedigen sind. Eine Beschränkung liegt darin, daß die Bedürfnisbefriedigung natürlich nur innerhalb der vorhandenen Mittel und Möglichkeiten erfolgen kann[75]. Das Recht auf Existenz hat je nach Alter und Stellung des Berechtigten einen verschiedenen Inhalt: Während es bei Unmündigen auf Erhaltung und Erziehung gerichtet ist, geht es bei Alten und Gebrechlichen zum Beispiel auf Versorgung[76]. Eine notwendige Konsequenz des Rechts auf Existenz ist ein gewisses Maß von Bildungsmitteln[77]. Beide Ehegatten haben ein eigenes Recht auf Existenz[78]. Die bestehende Armenversorgung hält Menger nur für eine kümmerliche Analogie zum Recht auf Existenz[79].

70 Menger, Arbeitsertrag, S. 6 ff./10 ff.; Staatslehre S. 98 ff.

71 Menger, Arbeitsertrag, S. 5.

72 MEW 21/498.

73 Menger, Staatslehre, S. 150.

74 Menger, Staatslehre, S. 98.

75 Übereinstimmend so Menger, Arbeitsertrag S. 9; Staatslehre, S. 98/99; Volkspolitik S. 58/59.

76 Menger, Arbeitsertrag, S. 9; Staatslehre S. 99.

77 Menger, Staatslehre S. 216.

78 Menger, Staatslehre, S. 134.

79 Menger, Arbeitsertrag, S. 4/166; Staatslehre S. 98.

Während das Recht auf Existenz für Menger die Grundlage eines subjektiven Verteilungssystems bildet, ist das Recht auf den vollen Arbeitsertrag einem objektiven Verteilungssystem zuzuordnen[80].

Menger hält Arbeit und Arbeitsertrag und Bedürfnis und Befriedigung für die beiden Kausalreihen, in denen sich das wirtschaftliche Leben der Menschen vollzieht. Wenn ein Sachgut durch die Arbeit einer einzigen Person hervorgebracht ist, so soll es auch dieser allein gehören. Haben mehrere zusammengewirkt, so soll jedem Arbeiter von dem Tauschwert der Sache so viel zugewiesen werden, als er demselben durch seine Arbeit zugesetzt hat. Ein Abzug zugunsten von Grund- oder Kapitaleigentum hat auf jeden Fall zu unterbleiben[81].

Wesentliches Problem eines solchen Verteilungsprinzips ist der Wertmaßstab für die Bemessung der Arbeit, demzufolge die Verteilung erfolgen soll. Menger schlägt als Wertmesser die Durchschnittsarbeitszeit vor: „Jedem Arbeiter werden daher nicht die Arbeitsstunden bezahlt, die er auf die gelieferten Sachgüter und Dienstleistungen wirklich verwendet hat, sondern nur jene, die ein Arbeiter von mittlerem Fleiß und mittleren Anlagen verwenden mußte. Auf dieser Grundlage hätte der Staat alle Sachgüter und Dienstleistungen in durchschnittlichen Arbeitsstunden zu tarifieren und jeder Arbeiter könnte aus den staatlichen Magazinen alle Befriedigungsmittel bis zu dem Maß der ihm bezahlten Arbeitsstunden beziehen“[82].

Neben diesem Recht auf den vollen Arbeitsertrag, auf dessen Grundlage eine Güterverteilung nach dem Maß der geleisteten Durchschnittsarbeit zu erfolgen hat, und dem Recht auf Existenz, demzufolge die Güterverteilung an die Existenzbedürfnisse des einzelnen anknüpfen soll, erörtert Menger das dritte von ihm genannte Grundrecht, das ‚Recht auf Arbeit‘, nur ganz knapp.

Es unterscheidet sich vom Recht auf den vollen Arbeitsertrag dadurch, daß der Berechtigte nur den Lohn (und nicht den vollen Arbeitsertrag) verlangen kann[83] und ist für Menger nur eine Abart des Rechts auf Existenz[84].

Den Inhalt des Rechts auf Arbeit bestimmt er folgendermaßen: „Kraft des Rechts auf Arbeit kann jeder arbeitsfähige Staatsbürger, der bei einem Privatunternehmer keine Arbeit findet, von dem Staat oder den staatlichen Verbänden (Bezirk, Gemeinde) verlangen, daß ihm die gewöhnliche Taglöhnerarbeit gegen Zahlung des Taglohns zugewiesen werde“[85].

---

80 Vgl. oben, 2. Kapitel, Anmerkung 49; Menger, Staatslehre, S. 98/104.

81 Menger, Arbeitsertrag, S. 6/7.

82 Menger, Staatslehre, S. 120; auch Arbeitsertrag, S. 7.

83 Menger, Arbeitsertrag, S. 15.

84 Menger, Arbeitsertrag, S. 12.

85 Menger, Arbeitsertrag, S. 14.

Menger erörtert das Recht auf Arbeit nicht weiter, da er davon ausgeht, daß „alle sozialistischen Vermögensrechte, wie sehr auch die Absichten der verschiedenen Schulen abweichen mögen, doch immer den Zweck verfolgen, entweder den arbeitenden Klassen den vollen Ertrag ihrer Arbeit zu gewährleisten oder aber die Bedürfnisse des einzelnen mit den vorhandenen Befriedigungsmitteln in einen richtigen Zusammenhang zu bringen“[86]. Im Vordergrund stehen also für Menger das Recht auf Existenz und auf den vollen Arbeitsertrag, während er das Recht auf Arbeit nur als „eigentümliche Modifikation“ des Rechts auf Existenz ansieht, das „als Übergangsform zur sozialistischen Rechtsordnung größere historische Bedeutung erlangt hat“[87].

2. Naturrechtliche Position

Mit der Propagierung dieser ökonomischen Grundrechte nimmt Menger eine naturrechtliche Position ein[88]. Diese Feststellung ist nur dann ein Widerspruch zu dem oben erarbeiteten Ergebnis, Menger gehe bei der Einkleidung sozialistischer Forderungen in Rechtsbegriffe positivistisch vor[89], wenn man davon ausgeht, mit der Einordnung eines Autors als ‚Naturrechtler‘ oder ‚Positivist‘ ein für das gesamte Werk passendes Kriterium gefunden zu haben. Daß dem nicht so ist, beweist sich für Menger nicht nur an diesem Punkt.

Im Gegensatz zu der hier vertretenen Auffassung hält es Norbert Reich für „geradezu verfehlt“, Menger für eine naturrechtliche Betrachtungsweise in Anspruch nehmen zu wollen[90]. Dem ist nur insoweit zuzustimmen, als nicht Mengers ökonomische Grundrechte zur Diskussion stehen. Im übrigen spricht Reich selbst andernorts von „naturrechtlichen Stellen“ bei Menger[91].

Der herrschenden naturrechtlichen Diskussion jedoch kann Menger nichts abgewinnen, weil sie für ihn vom Standpunkt der besitzenden Klassen her ausgebildet ist[92]. So wird jedem Menschen zwar ein angeborenes natürliches Recht, das sogenannte „Urrecht“ zuerkannt, über dessen Inhalt im einzelnen Streit besteht, das aber auf keinen Fall ökonomischen Inhalts ist. „Das Urrecht im Sinne unserer Rechtsphilosophie schützt so künstliche Interessen wie die Ehre und die Denkfreiheit, dagegen gewährleistet es dem einzelnen nicht die

86 Menger, Arbeitsertrag, S. 4.

87 Menger, Arbeitsertrag, S. 6.

88 So auch Laskine, Juristischer Sozialismus, S. 37; Jellinek, Staatslehre, S. 226/349; Ramm, Sozialisten, S. 13.

89 Vgl. oben S. 21.

90 Reich, Anton Menger, S. 100.

91 Reich, Anton Menger, S. 99; derselbe Rechtstheorie S. 16.

92 Menger, Arbeitsertrag, S. 28 ff.

Erreichung des wichtigsten aller individuellen Zwecke: die Führung eines menschenwürdigen Daseins"[93].

Dem setzt Menger seine ökonomischen Grundrechte entgegen. Dabei ist er sich der großen Tradition dieser Ideen sehr wohl bewußt, ja er macht es sich zur Aufgabe, „die allmähliche geschichtliche Entwicklung der Ideen über das Recht auf den vollen Arbeitsertrag seit der Mitte des 18. Jahrhunderts"[94] darzustellen, und er geht in diesem Zusammenhang auch ausführlich auf die Herausbildung der anderen Grundrechte ein. Menger erörtert dabei frühere deutsche Vorstellungen von Hugo, Fichte und Marlo; er hat völlig vergessene englische Quellen von Godwin, Hall und Thompson neu entdeckt und interpretiert, und er berücksichtigt auch den französischen Frühsozialismus, insbesondere Fourier und die Saint-Simonisten. Die nach Menger großen Vertreter des Sozialismus im 19. Jahrhundert, Proudhon, Louis Blanc, Rodbertus, Lassalle und Marx finden bei ihm angemessene Berücksichtigung. Mengers in diesem Zusammenhang bewiesene Gelehrsamkeit, seine umfassende Kenntnis und Vertrautheit mit der sozialistischen Literatur, seine klare Begriffsbildung und präzise Darstellungsweise sind bei seinen Kritikern auf großes Lob gestoßen[95]. Verständlich ist dies auch deswegen, weil Menger als erster seit Lorenz von Stein wieder eine wissenschaftliche Aufarbeitung des Sozialismus versucht hat und weil er dabei auf keinerlei brauchbare Vorarbeiten zurückgreifen konnte.

3. Kritik an Mengers Grundrechten

Bei Mengers Reduzierung der sozialistischen Ideen auf ökonomische Grundrechte ergibt sich jedoch der auch verschiedentlich konstatierte Mangel[96], daß die Theorien sämtlicher Sozialisten, die Menger nicht unter eines seiner Grundrechte subsumieren kann, in seiner Darstellung unberücksichtigt bleiben oder nicht vollständig ausgewertet werden. Engels und Kaustky haben dies folgendermaßen ausgedrückt: „Es ist aber handgreiflich, daß die Einzwängung der verschiedensten sozialistischen Doktrinen der verschiedensten Länder und Entwicklungsstufen in diese zwei ‚Schlagworte' (gemeint Recht auf Existenz und Recht auf vollen Arbeitsertrag, E.M.) die ganze Darstellung fälschen muß. Die Eigentümlichkeit jeder einzelnen Doktrin, die gerade ihre geschichtliche Bedeu-

93 Menger, Arbeitsertrag, S. 30.

94 Menger, Arbeitsertrag, S. 25.

95 So unter anderen trotz eines von Menger abweichenden Ausgangspunktes: Adler, Arbeitsertrag, S. 299; Diehl, Staatslehre, S. 226; Oppenheimer, Arbeitsstaat, S. 186; Rist, Un nouveau livre, S. 892; Ruhland, Arbeitsertrag, S. 580; Schmoller, Arbeitsertrag, S. 396; Vogelsang, Arbeitsertrag, S. 584.

96 Ruhland, Arbeitsertrag, S. 580; Steinbach, Grundideen, S. 545; Ramm, Sozialisten, S. 13.

tung ausmacht, wird hier nicht nur als nebensächlich beiseite geworfen, sondern, weil vom Schlagwort abweichend und ihm widersprechend, geradezu als einfach falsch verworfen"[97]. Auch Georges Sorel[98] und bissiger noch dessen Schüler Edouard Berth haben Menger aus diesem Grunde kritisiert: „On tient son homme et sa doctrine en quelques formules; c'est simple, c'est clair, c'est commode; . . ."[99].

Zu welchen Fehlschlüssen Menger gelangt, wenn er überall nur nach ökonomischen Grundrechten sucht, zeigt auch sein Vorwurf gegen Marx, dieser habe eine Darlegung des Rechts auf den vollen Arbeitsertrag versäumt[100]. Gerade Marx nämlich hält den ‚Arbeitsertrag' für eine „lose Vorstellung", die an die Stelle bestimmter ökonomischer Begriffe gesetzt wurde[101], und er betrachtet es als ökonomische Notwendigkeit, von einem ‚unverkürzten Arbeitsertrag' folgende Abzüge zu machen:

„Erstens: Deckung zum Ersatz der verbrauchten Produktionsmittel.
Zweitens: Zusätzlicher Teil für Ausdehnung der Produktion.
Drittens: Reserve- oder Assekuranzfonds gegen Mißfälle, Störungen durch Naturereignisse usw."[102]. Erst was jetzt noch übrig bleibt, ist nach Marx zur Konsumption bestimmt, wobei vor einer individuellen Teilung noch einmal Abzüge für Verwaltungskosten, Gemeinschaftseinrichtungen und Fonds für die Armenpflege stattzufinden haben[103].

Auch Carneri hat bemängelt, daß Menger das Problem der Abzüge vom Arbeitsertrag kaum gestreift habe[104], ebenso wie Sorel, der eine bestimmte Überlegung bei Menger vollständig vermißt: „C'est celle de la nécessité du progrès dans la production"[105].

Wie wenig Gewicht Menger diesem Problem beimißt, zeigt seine knappe, nur in eine Fußnote aufgenommene Bemerkung, es sei selbstverständlich, vom vollen Arbeitsertrag Auslagen für den Staat abzuziehen, weil er die notwendige Voraussetzung für die Produktion bilde[106].

Der Kathedersozialist Gustav Schmoller entdeckt in Mengers Grundrechten eine individualistische Komponente: „Die Forderung des vollen Arbeitsertrages für

---

97 MEW 21/499.
98 Sorel, Aspects juridiques, S. 409.
99 Berth, Utopie, S. 35.
100 Menger, Arbeitsertrag, S. 96.
101 MEW 19/18.
102 MEW 19/19.
103 MEW 19/19.
104 Carneri, Liberalismus, S. 9.
105 Sorel, Aspects juridiques, S. 413.
106 Menger, Arbeitsertrag S. 152.

den Arbeiter ist, der Phrase und sozialistischen Formulierung entkleidet, nichts anderes als die Forderung der rein individualistisch verteilenden Gerechtigkeit"[107]. Auch Georges Sorel teilt diese Ansicht: „Qu'y a-t-il au fond de toutes ces formules? Une conception commune de la valeur infinie de l'individu humain"[108].

Von „nationalökonomischer Seite" wurde die Eignung der Mengerschen Schlagworte für ökonomische Grundrechte bestritten, ebenso wie die Vorstellung, daß ihre Verwirklichung die ökonomischen Zustände überhaupt verbessern könnte[109]. Cassel behauptet, daß das Recht auf den vollen Arbeitsertrag gegen Grundbedingungen des wirtschaftlichen Lebens verstoße und deswegen unmöglich sei. „Sieht man die Sache von diesem Standpunkt, so leuchtet ein, daß hier keine juristische Frage vorliegt, wie es Anton Menger geltend machen will, sondern, und im eminentesten Sinn des Wortes, eine wirtschaftliche Frage"[110]. Auch Henry Clément hält auf Grund wirtschaftlicher Überlegungen Mengers Forderung nach einem Recht auf den vollen Arbeitsertrag für einen fundamentalen Irrtum. „Enfin, les socialistes semblent raisonner comme si le monde en était resté à l'âge de pierre et sans tenir compte que, pour produire les objets nécessaires ou utiles et qui forment la matière industrielle et commerciale, il ne suffit pas de l'ouvrier et de son outil, mais qu'il faut du charbon, des machines, des moyens de transport, des dépenses générales et tant d'autres choses qui ne peuvent être fournies que par le capital"[111]. Eugène d'Eichthal wendet sich gegen Menger, weil dieser weder die moderne Arbeitsteilung noch die Funktion des Marktes berücksichtigt habe: „Dans un état quelconque de civilisation historique, décrétez tout à coup que chaque travailleur restera seul possesseur de la totalité des objets qu'il aura créés dans le cour de l'année: chacun avec son atelier plein d'objets inconsommables, mourra de froid, de faim, de soif et de misère, et cependant il aura eu l'intégralité du produit de son travail"[112].

4. Abwägung der Grundrechte untereinander

Menger hat das Verhältnis zwischen dem Recht auf Existenz und dem Recht auf den vollen Arbeitsertrag nicht völlig geklärt. Er ist sich einerseits des „schroffen Gegensatzes"[113] zwischen diesen beiden Prinzipien der Güterverteilung sehr

107 Schmoller, Arbeitsertrag, S. 396.

108 Sorel, Aspects juridiques, S. 568; ähnlich Cassel, Arbeitsertrag, S. 167.

109 Ruhland, Arbeitsertrag, S. 580.

110 Cassel, Arbeitsertrag, S. 8.

111 Clément, Une théorie, S. 880.

112 d'Eichthal, Droit socialiste, S. 14/15.

113 Menger, Arbeitsertrag, S. 27/156/158/168.

wohl bewußt, ist aber trotzdem der Meinung, daß die meisten sozialistischen Systeme danach trachten, diese beiden Grundideen „in möglichst widerspruchsloser Weise zu kombinieren“[114]. Die zwei Grundrechte verkörpern für Menger die Grenzen, „innerhalb deren sich jedes konsequente, sozialistische oder kommunistische System bewegen muß“[115], und er hält es für die „Fundamentalfrage des Sozialismus, ob das Recht auf Existenz oder das Recht auf den vollen Arbeitsertrag die Grundlage der künftigen Rechtsordnung bilden soll“[116]. Obwohl selbst unschlüssig über dieses Problem[117], neigt Menger mehr dazu, als „natürliche Grundlage“ der Güterverteilung das Recht auf Existenz zu betrachten[118]. Menger hält das Problem der Arbeitsunfähigen durch ein Recht auf Existenz für besser gelöst[119]. Den Ausschlag gibt jedoch seine Überlegung, daß mit der heutigen Gesellschaftsordnung ein Recht auf den vollen Arbeitsertrag „schlechterdings unverträglich“ ist, während ihm die Fortdauer der privatrechtlichen Ordnung neben der Verwirklichung des Rechts auf Existenz recht gut denkbar erscheint[120]. Der Übergang zu einer sozialistischen Gesellschaftsordnung wäre erleichtert, wenn an die gewohnten Arbeits- und Konsumverhältnisse in der Bevölkerung angeknüpft würde und insbesondere eine Beibehaltung der Geldpreise möglich wäre. Dies hält Menger deshalb für wesentlich, weil auf diese Weise eine allgemeine Umwertung aller Sachen und Dienstleistungen umgangen werden könnte, die seiner Ansicht nach bei ihrer Durchführung die Gesellschaft noch mehr erschüttern müßte als die Einführung der sozialistischen Gesellschaftsordnung selbst[121].

Die Beibehaltung der Geldpreise zur Lösung der Wertproblematik ist von Diehl für völlig ungenügend erachtet worden. Das Geld sei doch der getreue Ausdruck einer auf Privateigentum und freier Konkurrenz beruhenden Wirtschaftsweise. „Es ist aber ein unmögliches Beginnen, die Produktion und die Konsumption auf ganz neue Grundlagen zu stellen und dabei die ‚geschichtlich überlieferten Geldpreise‘ festhalten zu wollen“[122].

Seine Entscheidung, schließlich doch dem Recht auf Existenz den Vorrang vor dem Recht auf den vollen Arbeitsertrag einzuräumen, formuliert Menger so verhalten und vorsichtig, daß sie von manchen Rezensenten überhaupt nicht

114 Menger, Arbeitsertrag, S. 5.

115 Menger, Arbeitsertrag, S. 6.

116 Menger, Arbeitsertrag, S. 100/103.

117 Menger, Arbeitsertrag, S. 168; ebenso BGB, S. 137.

118 Menger, Arbeitsertrag, S. 164; ebenso Sittenlehre, S. 76; Volkspolitik S. 58/59.

119 Menger, Staatslehre, S. 105.

120 Menger, Arbeitsertrag S. 9/164.

121 Menger, Staatslehre, S. 102; so auch Arbeitsertrag S. 7.

122 Diehl, Staatslehre, S. 228; kritisch auch Kantorowicz, Staatslehre, S. 352.

bemerkt wurde[123]. Daß Menger in dem Gothaer Programm der beiden vereinigten sozialistischen Parteien Deutschlands von 1875 eine Forderung nach dem Recht auf Existenz zu erblicken glaubt[124], obwohl dort ausdrücklich eine „gerechte Verteilung des Arbeitsertrages" verlangt wird[125], zeigt, wie schwankend hier die Begriffsbildung ist; es ist herrschende Ansicht, dieses Programm enthalte die Forderung nach dem unverkürzten Arbeitsertrag[126].

Mengers letztliche Entscheidung zugunsten des Rechts auf Existenz wird dadurch erklärlich, daß er den damals weit verbreiteten Theorien des englischen Nationalökonomen Thomas Malthus zuneigte. Er befürchtete, daß die Bevölkerung über das Maß der im Land hervorgebrachten Nahrungsmittel hinauswachsen könne, und er sah die Gefahr einer fortschreitenden Verarmung der Massen, der er durch Anerkennung eines Rechts auf Existenz und durch die Regelung der Volksvermehrung beizukommen hoffte[127]. Menger sah sogar eine Zeit kommen, „wo der Patriot es als seine Pflicht ansehen wird, nicht im Krieg möglichst viel Feinde zu töten, sondern im Frieden so wenig Kinder als möglich zu erzeugen"[128].

IV. Stellung zu Marx

Im Lauf der Untersuchung ist schon deutlich geworden, daß Menger in so entscheidenden Fragen wie der nach der Funktion der Produktionsverhältnisse oder nach der Rolle des Rechts anders als Marx argumentiert; dies ist ihm nicht ohne verletzende Ironie insbesondere von Engels und Kaustky vorgehalten worden[129].

1. Vorwurf bibliographischer Ungenauigkeiten

Aber auch Menger war nicht zimperlich. Er beschuldigt Marx und Engels bibliographischer Ungenauigkeiten; Marx zitiere in seinem Werk „Misère de la Philosophie" William Thomsons Fundamentalwerk „An Inquiry into the

123 So beispielsweise Laskine, Juristischer Sozialismus, S. 36; Adler, Arbeitsertrag, S. 299; auch Carneri, Liberalismus, S. 9.

124 Menger, Arbeitsertrag, S. 100.

125 Absatz I des Programms, abgedruckt bei Abendroth, Sozialdemokratie, S. 93.

126 So MEW 19/15 ff.; Hofmann, Ideengeschichte, S. 81.

127 Menger, Arbeitsertrag, S. 3; Staatslehre, S. 138–140; Sittenlehre, S. 36/37; Volkspolitik S. 48 ff./62.

128 Menger, Volkspolitik, S. 51.

129 MEW 21/496 ff.; Kautsky, Sittenlehre; MEW 38/287, wo Engels in einem Brief an Kautsky zu folgender Ansicht kam: „Menger ist und bleibt ein Esel".

Principles of the Distribution of Wealth" mit der falschen Jahresangabe 1827 anstelle von 1824 und er verwechsle auch den Namen ‚Hopkins' mit ‚Hodskins'; Engels habe diese Fehler in die deutsche Ausgabe „Das Elend der Philosophie" mitübernommen. Menger bemerkt dazu, daß er diese Verstöße nur erwähnt, weil er der Ansicht ist, daß sich insbesondere Engels auf dem Gebiet der englichen antikapitalistischen Literatur „mit größtem Unrecht als Autorität gerieren will"[130].

Auch in späteren Auflagen läßt Menger jedoch unberücksichtigt, daß Engels die beiden gerügten Fehler schon 1892 in einer 2. Auflage von „Das Elend der Philosophie" richtiggestellt und damit „das bibliographische Gewissen von Herrn Professor Anton Menger hoffentlich beruhigt" hat[131].

Einen anderen, jedoch – bedenkt man den Umfang des Marxschen Werkes – ebenso unbedeutenden Vorwurf bibliographischer Ungenauigkeit erhebt Menger zu Recht: Er hat – wiederum im „Elend der Philosophie" – entdeckt, daß Marx und in einer Anmerkung auch Engels behaupten, eine 1839 in Leeds erschienene Abhandlung Brays „Labour's Wrongs and Labour's Remedy" sei der Anstoß zur Gründung von sogenannten Arbeitstauschbanken geworden; richtig ist dagegen, daß die erste Tauschbank schon 1830 gegründet worden ist[132].

2. Mehrwerttheorie

Von größerer Wichtigkeit ist jedoch Mengers Vorwurf gegen Marx, dieser habe seine gesamte Mehrwerttheorie, unter dem Einfluß des älteren englischen Sozialismus stehend, vor allem von William Thompson übernommen und zwar ohne Quellenangabe. „Sieht man von den zahlreichen mathematischen Formeln ab, die Marx in die Darstellung einmischt und welche die Sache mehr verdunkeln als aufklären, so ist die ganze Mehrwerttheorie: der Begriff des Mehrwerts, seine Bezeichnung und die Ansichten über die Höhe desselben im wesentlichen den Schriften Thompsons entnommen"[133].

Durch diese Mengersche Attacke ist das Interesse an Thompson neu belebt worden: 1903 erschien in Berlin eine deutsche Übersetzung der englischen Originalausgabe von 1824 unter dem Titel: „Untersuchungen über die Grundsätze der Verteilung des Reichtums zu besonderer Beförderung des menschlichen Glücks". Dieser Ausgabe war in einer deutschen Übersetzung die Einleitung beigefügt, die Foxwell, Professor in Cambridge, zur englischen Ausgabe von Mengers „Das Recht auf den vollen Arbeitsertrag" verfaßt hatte. Foxwell stellt

130 Menger, Arbeitsertrag, S. 49.

131 MEW 4/569.

132 Menger, Arbeitsertrag, S. 91/92; vgl. MEW 4/98, 105, 622 Anmerkung 51.

133 Menger, Arbeitsertrag, S. 95; ähnlich auch Menger, Sozialismus, S. 4097.

in dieser Einleitung befriedigt fest, Menger habe den entscheidenden Beweis geliefert, „daß sämtliche Grundgedanken des modernen revolutionären Sozialismus und besonders des Marxschen Sozialismus bestimmt auf englische Quellen zurückgeführt werden können“[134].

Auch sonst ist Mengers Angriff gegen die Urheberschaft von Marx an der Mehrwerttheorie als „pikantes Detail aus dem dogmengeschichtlichen Teil seines Werkes“[135] kommentiert worden, das allein ausreiche, „der Schrift eine dauernde Stelle in der Literaturgeschichte des Sozialismus zu sichern“[136]. Es wurden aber auch Zweifel geäußert, ob Marx dadurch wirklich sein Ansehen einbüßen werde[137]. Während ‚Vorwärts‘ von einem „Stich ins Komische“[138] sprach, nannte es der österreichische Arbeiterführer Viktor Adler eine „echt professorenhafte Schrulle, die ökonomischen und historischen Theorien von Marx/Engels bei jeder Gelegenheit erstens als Plagiat und zweitens als grundfalsch zu vermöbeln“[139]. Am schärfsten haben Engels und Kautsky reagiert: „Um Marx herunterzusetzen, schiebt man seine Leistungen anderen Sozialisten zu, um die sich kein Mensch kümmert, die vom Schauplatz verschwunden sind, die keine politische und wissenschaftliche Bedeutung mehr haben. Auf diese Weise hofft man, mit dem Begründer der proletarischen Weltanschauung und dieser selbst fertig zu werden. Herr Menger hat es unternommen. Man ist nicht Professor für die Katz. Man will auch etwas leisten“[140].

Frei von Polemik hat August Oncken Gesichtspunkte herausgearbeitet, die die Mengerschen Behauptungen als unberechtigt und falsch erscheinen lassen[141]: Zum einen kann Marx Thompson gar nicht mit der falschen Jahresangabe zitieren, ohne ihn nicht doch gleichzeitig auch als Quelle zu nennen. Zum anderen ergeben sich auch aus der Entstehungsgeschichte Bedenken gegen Mengers These: Thompson hatte zunächst nur einen Vortrag konzipiert, der sich dann unvorhergesehenerweise zu einem Buch ausgeweitet hat, während Marx gewissenhafte und langjährige Studien angestellt hat, bevor seine Theorien Gestalt annahmen.

In der Sache selbst ist der Mengersche methodische Ansatz verfehlt, aus der Verwendung des bloßen Wortes ‚Mehrwert‘ bei Thompson und bei Marx auf eine Verwendung im selben Sinn zu schließen. Die Existenz des Mehrwertes und

---

134 Foxwell, Einleitung, S. XI.

135 Schwiedland, Arbeitsertrag, S. 473.

136 Steinbach, Grundideen, S. 533; zustimmend auch Adler, Arbeitsertrag, S. 299; Andler, Les orgines, S. 415, Fußnote 4.

137 Ruhland, Arbeitsertrag, S. 580.

138 Vorwärts, Staatslehre.

139 Adler, Zukunftsbilder.

140 MEW 21/500.

141 Oncken, Referat, S. 2496/2497.

woraus er besteht, nämlich aus dem Produkt der Arbeit, für das der Aneigner kein Äquivalent entrichtet, war lange vor Marx und nicht allein durch Thompson bekannt[142]. Vielmehr spricht schon 1819, also fünf Jahre vor Thompson, Sismondi in seinem „Nouveaux Principes d'Economie Politique" von ‚mieux value' und die Übereinstimmung mit Thompsons ‚surplus value' geht soweit, daß man sogar Thompson des Plagiats an Sismondi zeihen könnte[143].

Ohne daß dies hier weiter vertieft werden soll, läßt sich doch festhalten, daß erst Marx auf der Grundlage seiner Theorie des absoluten Wertes, derzufolge jede Ware für sich allein schon Träger eines bestimmten gesellschaftlichen Arbeitsquantums und damit Wertträger ist, den Mehrwert als Unterschied zwischen dem Wert der Arbeit und dem Wert der Arbeitskraft bestimmt[144]. Wert der Arbeit bedeutet hierbei Wert der Arbeitsprodukte; Wert der Arbeitskraft ist nach Marx der Wert der von den Arbeitern selbst zur Lebenshaltung benötigten Leistungen und Erzeugnisse. Für Marx ist somit der Mehrwert kein ‚Mehr' über dem Wert, sondern ein Teil des gesamten Wertes; ebensowenig ist er für ihn vorenthaltener Lohn, wie für alle Denker vor ihm, einschließlich W. Thompsons.

Von einer Identität der Mehrwerttheorien von Thompson und Marx kann also durchaus nicht gesprochen werden; „Marx ist ebensosehr Begründer der Mehrwertstheorie, obgleich Thompson dieselbe schon geahnt hat, wie Kant der Schöpfer des Kritizismus bleibt, wenngleich Hume ihm mächtig vorgearbeitet hat"[145].

Grünberg erklärt Mengers Haltung gegenüber Marx und dem Marxismus mit einer persönlichen Abneigung. „Mit wenigen Dingen konnte man daher Menger lebhafter interessieren, als mit Mitteilungen über Schriften, deren Verfasser eine der seinigen ähnliche Haltung einnahmen"[146]. Auch Ehrlich berichtet aus seiner persönlichen Bekanntschaft, daß Menger noch kurz vor seinem Tod gereizt darauf reagiert habe, wenn die Sprache darauf kam, daß Marx im Vergleich zu seinem außerordentlich reichhaltigen Werk doch nur unwesentliche Dinge entlehnt habe: „Nein, das ist nicht so. Als ich mich mit Marx eingehender zu beschäftigen begann, da fiel mir auf, daß er alle Welt anführt, nur die älteren englischen Sozialisten nicht. Dann begann ich zu vergleichen und fand, daß er

---

142 So auch Engels, Vorrede zum 2. Band des ‚Kapital', MEW 24/22, 23; Menger waren diese Gedankengänge bekannt, Arbeitsertrag S. 95, Fußnote; er legt sie jedoch so aus, als ob er Engels „zugeben wollte", daß Marx doch Vorgänger gehabt habe.

143 So auch Oncken, Referat, S. 2500; auch Engels MEW 21/506 erwähnt Sismondi in diesem Sinn.

144 Marx, Kapital, MEW 23 passim; die Darstellung der Marxschen Mehrwerttheorie lehnt sich eng an Hofmann, Ideengeschichte, S. 109/121 ff.

145 Stein, Soziale Frage, S. 291; in diesem Sinn auch Grünberg, Leben und Lebenswerk, S. 70.

146 Grünberg, Leben und Lebenswerk, S. 72.

nicht etwa bloß einzelne Worte, sondern ganze Gedankenreihen von ihnen, zumal von Thompson, herübernimmt. Wer das tut, der will plagiieren"[147].

3. Verelendungstheorie

Menger findet es auch nicht richtig, daß Marx und Engels jede nähere Darstellung des zu erstrebenden Gesellschaftszustandes ablehnen. Beide sind der Ansicht, daß die Zentralisation der Produktionsmittel und die Vergesellschaftung der Arbeit allmählich den Punkt erreichen werden, an dem notwendig das Privateigentum gesprengt werden muß, wohingegen er selbst auf dem Standpunkt steht, daß die größten sozialen Mißstände nicht zur Herbeiführung einer anderen Gesellschaftsordnung geeignet sind, wenn kein klares Bild des zukünftigen Zustandes vorschwebt[148]. Die marxistische Theorie einer fortschreitenden Verelendung der Massen hält Menger durch die tatsächlich positive Entwicklung der Landwirtschaft und der Mittel- und Kleinbetriebe für widerlegt[149]. Seiner Ansicht nach mißt der Marxismus der wirtschaftlichen Konzentration zu große Bedeutung bei und übersieht, daß mit dieser Konzentration eine juristische Dezentralisation einhergeht, ersichtlich aus der großen Verbreitung von Aktien und anderen Papieren[150].

Auch in diesem Zusammenhang wird noch einmal deutlich, welch großen Wert Menger auf juristische Gesichtspunkte bei der Entwicklung einer sozialistischen Theorie legt und wie skeptisch er „nationalökonomischen Verbrämungen" gegenüber ist.

4. Verhältnis zur sozialdemokratischen Partei

Die ablehnende Haltung Mengers zu Marx hat die sozialdemokratische Partei Deutschlands nicht daran gehindert, sich auch auf Menger zu berufen. Im Wahlkampf 1903, also zu einer Zeit, als sich der Revisionismus in der SPD noch nicht durchgesetzt hatte, und Marx noch anerkannte Parteiautorität war, ist Karl Diehl ein Flugblatt in die Hände gefallen, in dem gleich anfangs auf die Übereinstimmung hingewiesen wird, in der sich die Sozialdemokraten mit den

---

147 Ehrlich, Anton Menger, S. 292.

148 Menger, Arbeitsertrag, S. 105/107.

149 Menger, Arbeitsertrag, S. 102 unter Berufung auf den ‚Revisionisten' Eduard Bernstein „Die Voraussetzungen des Sozialismus und die Aufgaben der Sozialdemokratie", 1899.

150 Menger, Volkspolitik, S. 60.

151 Diehl, Staatslehre, S. 227.

152 Kautsky, Sittenlehre, S. 77/78.

Ideen des „berühmten Wiener Rechtslehrers" befänden[151]. Karl Kaustky sah sich 1905 veranlaßt, darauf hinzuweisen, daß es „kein erfreuliches Zeichen besonderer Klarheit" sei, wenn Anton Menger in einem Teil der Parteipresse als großer wissenschaftlicher Theoretiker gepriesen werde[152]. Die Resonanz, die Menger in der sozialdemokratischen Partei gefunden hat, macht es wohl erklärlich, daß er selbst für einen Sozialdemokraten gehalten worden ist[152a]. Er war jedoch nie Mitglied der Sozialdemokratischen Partei.

V. Menger als Sozialist

1. Mengers eigene Positionsbestimmung

Zusammenfassend läßt sich Mengers Sozialismusvorstellung folgendermaßen charakterisieren:

Das Kernproblem besteht für ihn darin, auf juristischem Weg eine Umgestaltung des Vermögensrechts zu erreichen. Zu diesem Zweck hat eine Umverteilung der produzierten Sachgüter und Dienstleistungen zu erfolgen. Kriterium für diese Umverteilung soll vor allem das Recht auf Existenz, daneben aber auch das Recht auf den vollen Arbeitsertrag sein. Von Kommunismus und Anarchismus unterscheidet sich Menger vornehmlich dadurch, daß er für die Beibehaltung des Staates und für eine Güterverteilung eintritt, bei der die Stellung des einzelnen und die von diesem erbrachte Arbeitsleistung berücksichtigt werden.

Zu Mengers Vorstellung vom Sozialismus gehört die Ablehnung jeglichen arbeitslosen Einkommens, sei es in Form der Grundrente oder des Kapitalgewinns. „Indem nämlich unser Privatrecht die vorhandenen Vermögensobjekte, namentlich die Produktionsmittel, einzelnen Personen durch das Privateigentum zu beliebiger Benutzung überweist, verleiht es diesen eine Machtstellung, kraft welcher sie ohne eigene Arbeit ein Einkommen beziehen und zur Befriedigung ihrer Bedürfnisse verwenden können"[153].

Nach Mengers Auffassung verwirft der Sozialismus ein solches arbeitsloses Einkommen und damit auch das System des Privateigentums und der Vertragsfreiheit, welches ein solches arbeitsloses Einkommen zuläßt; diese Verwerfung gilt für ihn nachgerade als „Erkennungszeichen" des Sozialismus[154]. In einem sozialistischen Rechtssystem sollen eben nicht die privatrechtlichen Grundsätze von Eigentum, Vertragsfreiheit und Erbrecht herrschen; der Sozialismus ist „im

152a Vgl. oben, 1. Kapitel, Fußnote 16/17.

153 Menger, Arbeitsertrag, S. 2.

154 Menger, Arbeitsertrag, S. 151; auch Arbeitsertrag S. 149.

wesentlichen auf eine Abänderung der privatrechtlichen Zustände gerichtet"[155] und erfordert insbesondere eine „tiefgreifende Umgestaltung unseres heutigen Vermögensrechts"[156].

Es wird noch zu zeigen sein, wie sich Menger diese Rechtsumgestaltung im einzelnen vorgestellt hat[157]. Festzuhalten bleibt schon hier, daß Menger sich gegen bloße Reformvorstellungen durch die konsequente Forderung nach einer Umgestaltung der privatrechtlichen Ordnung abgrenzt. Er will nicht mit den Reformisten verwechselt werden, die „die heutige soziale Ordnung unter Festhaltung ihrer wesentlichen Grundgedanken nur verbessern wollen"[158]. Menger wendet sich dabei einerseits gegen „Halbsozialisten" wie Henry George oder Theodor Hertzka, die nur das Privateigentum an Grund und Boden ausschließen wollen[159], wie auch gegen jene konservativen Sozialschriftsteller in Deutschland und Österreich, die sich nur gegen den Kapitalzins und nicht auch gegen die Grundrente richten[160]. Unter diesen hebt Menger insbesondere den „konservativ-radikalen Sozialschriftsteller" Rodbertus hervor, dessen Vorschläge er als vom „Klasseninteresse des Grundbesitzerstandes" her eingegeben ablehnt[161]; auch in den Ideen von Franz Vidal und Chr. Freiherr von Vogelsang vermag Menger nur „Äußerungen eines krassen Egoismus des bäuerlichen Mittelstandes" zu erkennen[162].

2. Einordnung

Auf Grund der bisher durchgeführten Analyse läßt sich festhalten, daß sich die Mengerschen Vorstellungen den Theorien zuordnen lassen, die in bewußtem Gegensatz zum Privateigentum als der überlieferten Grundlage des herrschenden Gesellschafts-, Wirtschafts- und Rechtssystems den Neuaufbau einer Ordnung auf der Basis des Kollektiveigentums anstreben. So läßt sich der zeitgenössische Meinungsstand über das Phänomen ‚Sozialismus' zusammenfassen[163] und hiernach hat sich Menger als Sozialist ausgewiesen. Auf Abgrenzungsprobleme im einzelnen muß hier nicht eingegangen werden; trotz aller verschiedenen

155 Menger, BGB, S. 7; auch BGB, S. 4.

156 Menger, Staatslehre, S. 22.

157 Vgl. unten S. 65 ff.

158 Menger, Arbeitsertrag, S. 151.

159 Menger, Staatslehre, S. 93; auch Arbeitsertrag S. 139 ff.

160 Menger, Arbeitsertrag, S. 123.

161 Menger, Arbeitsertrag, S. 132.

162 Menger, Arbeitsertrag, S. 136.

163 So Grünberg, Wörterbuch Neudruck, S. 195/196; Diehl, Sozialismus; derselbe, Staatslehre, S. 226; Weber, Fichte, S. 1; auch Staatslexikon, Stichwort Sozialismus; so jetzt auch Reich, Sozialismus, S. 15.

Ausprägungen und Spielarten des Sozialismus eint doch alle Vertreter die gemeinsame Ablehnung des bürgerlichen Privateigentums an Produktionsmitteln. Diese Charakterisierung Mengers als Sozialist deckt sich auch mit seinem eigenen Selbstverständnis.

Stellt man nun diese Einordnung Mengers den eingangs dargestellten Urteilen über ihn gegenüber, so ist folgendes zu sagen:

Menger war gewiß kein bürgerlicher Wissenschaftler; genausowenig hat er aber die Ideen des Sozialismus von Marx und Engels verteidigt, sondern eigene Vorstellungen in bewußter Abkehr von der marxistischen Theorie entwickelt. Für Marx hatte er nur den Vorwurf des Plagiats übrig. Auch ‚Austromarxist' ist eine für Menger unzutreffende Bezeichnung. Allenfalls sein Schüler und Biograph Carl Grünberg könnte als „Vater des Austromarxismus" gelten[164]: zum Austromarxismus zählt erst der Kreis um Karl Renner, Otto Bauer und Rudolf Hilferding, die ihre Hauptwirkungszeit zwischen dem Ende des 1. Weltkrieges und dem Beginn der Dollfussära entfalteten[165]; sie alle waren Grünbergs Schüler gewesen. Karl Renner hat 1904 unter dem Pseudonym Josef Karner eine marxistische Kritik an der Eigentumsordnung unter dem Titel „Die Rechtsinstitute des Privatrechts und ihre soziale Funktion" veröffentlicht[166], in der Menger mit keinem Wort erwähnt ist; auch Menger hat von Karl Renner nirgends Kenntnis genommen.

Ebensowenig war Menger „Kathedersozialist", wie vor allem in jüngster Zeit behauptet wird[167], wenn er auch vom ‚Katheder herab' sozialistische Vorstellungen vertreten hat. Der Begriff ‚Kathedersozialismus' war ursprünglich ein Spottname für diejenigen Mitglieder des 1872 in Eisenach gegründeten und 1936 liquidierten ‚Vereins für Sozialpolitik', die Hochschullehrer waren. Dieser Verein hatte nie ein konkretes sozialpolitisches Programm aufgestellt; der gemeinsame Gedanke war, daß Sozialpolitik hinsichtlich der Arbeiterfrage notwendig und möglich sei; dabei war die Zielrichtung sowohl gegen Manchestertum als auch gegen Sozialismus gerichtet. „Der Begriff ‚Kathedersozialismus' kennzeichnet alle die nationalökonomischen (u.a.) Hochschullehrer, die das Prinzip der Sozialreform bejahten"[168].

---

164 So Günther Nenning, zitiert nach Grünberg, Wörterbuch Neudruck, editorische Notiz, S. 10.

165 Hierzu Hofmann, Ideengeschichte, S. 182 ff.

166 Neu herausgegeben von Thilo Ramm, Stuttgart 1965, mit einer Einleitung und Anmerkungen von Otto Kahn-Freund.
Reich, Sozialismus, S. 67/68, stellt fest, daß Renner in der zweiten Auflage 1928 zu ähnlichen Ergebnissen wie Menger gelangt.

167 Vgl. oben, 1. Kapitel, Fußnote 8.

168 Lindenlaub, Verein für Sozialpolitik, S. 93; zum Kathedersozialissmus auch: Diehl, Sozialismus, S. 580; Stein, Soziale Frage, S. 325 ff.; Boese, Verein für Sozialpolitik; nationalsozialistisch eingefärbt Wittrock Gerhard, Die Kathedersozialisten bis zur

Menger hat sich ausdrücklich gegen solche Auffassungen abgegrenzt; er hat Gustav Schmoller, der seit der Gründung im Verein mitarbeitete und ihm von 1890–1917 vorsaß, als „entschiedenen Gegner des Sozialismus"[169] eingestuft. Die Kathedersozialisten hingegen sprachen von Menger als einem ebenbürtigen Gegner, „den man widerlegen müsse, aber nicht ignorieren dürfe"[170]; unter anderen haben die Kathedersozialisten Gustav Schmoller, Edgar Loening und Karl Diehl Menger rezensiert.

Eisenacher Versammlung 1872, Berlin 1939; aus der Sicht der DDR Völkerling Fritz, Der deutsche Kathedersozialismus, Berlin/Ost 1959.

169 Menger, Sittenlehre, S. 49.

170 Zitiert nach Stein, Rechtssozialismus, S. 208.

3. KAPITEL
MENGERS RECHTSVERSTÄNDNIS

I. Mengers Stellung zur Rechtswissenschaft

Die Rechtswissenschaft hält Menger für die „zurückgebliebenste aller Disziplinen und von den Zeitströmungen am spätesten erreicht"[1]; von den juristischen Bereichen erscheint ihm das bürgerliche Recht noch einmal am rückständigsten[2]. Zur Klärung seiner Position innerhalb der Rechtswissenschaft unterscheidet Menger die dogmatische, die geschichtliche und die legislativ-politische Jurisprudenz[3].

1. Dogmatische Jurisprudenz

Die dogmatische Jurisprudenz nimmt deshalb den breitesten Raum ein, weil sie der Rechtsanwendung und damit dem praktisch wichtigsten Zweck dient[4]. Für Menger ist die dogmatische Rechtswissenschaft unter heutigen Verhältnissen, wo außerordentlich spezialisierte Gesetze jedem auftauchenden Bedürfnis entgegenkommen, wissenschaftlich unbefriedigend. Der Jurist übe dabei nämlich keine eigentlich schaffende Tätigkeit aus, sondern lege, ähnlich wie der Theologe oder Philologe, nur bestimmte Texte aus und suche zu erkunden, was der Gesetzesverfasser mit den Bestimmungen zu regeln beabsichtigte. Menger verkennt nicht, daß sich das Gesetz durch Verkündung von seinem Urheber löst und ein selbständiges Dasein erlangt; er hält trotzdem das ganze juristische Detail für abhängig von dem Sinn, den ein häufig nur durch Zufall in seine Stellung gelangter Gesetzesverfasser mit den Bestimmungen verband. Deshalb ist es für ihn ganz natürlich, „daß die dogmatische Literatur bei einem Wechsel der Gesetzgebung rasch der Vergessenheit anheimfällt"[5].

Obwohl Menger sich bei diesen Betrachtungen nirgends ausdrücklich auf Julius von Kirchmann bezieht, drängen sich doch Parallelen zu der Einschätzung auf, die von Kirchmann in einem 1848 gehaltenen Vortrag „Die Wertlosigkeit der Jurisprudenz als Wissenschaft" gegeben hat. Von Kirchmann geht sein Thema unter einer doppelten Fragestellung an: Einmal betrachtet er die Wertlosigkeit der Jurisprudenz als Wissenschaft unter dem Aspekt, „daß die Jurisprudenz zwar

---

1 Menger, BGB, S. 30.

2 Menger, BGB, S. 7.

3 Menger, Soziale Aufgabe, S. 4 ff.

4 Menger, Soziale Aufgabe, S. 5.

5 Menger, Soziale Aufgabe, S. 7.

eine Wissenschaft (ist), daß sie aber des Einflusses auf die Wirklichkeit und das Leben der Völker entbehre"; zum anderen, daß die Jurisprudenz theoretisch als Wissenschaft wertlos sei[6]. Indem nun von Kirchmann verschiedene Besonderheiten des Rechts, dessen Selbständigkeit gegenüber der Rechtswissenschaft[7], dessen Veränderlichkeit im Gegensatz zu einer statischen Jurisprudenz[8] und deren Feindlichkeit gegenüber Fortschritten des Rechts[9] hervorhebt, gelangt er zu seiner berühmten Feststellung, die 47 Jahre später Menger mit anderen Worten geteilt hat: „Drei berichtigende Worte des Gesetzgebers und ganze Bibliotheken werden zu Makulatur"[10].

2. Historische Rechtswissenschaft

Ähnlich wie von Kirchmann, der die Gefahr sieht, daß „über (dem) vergangene(n) Recht das der Gegenwart völlig zu vergessen" droht[11], hat auch Menger gegen die geschichtliche Rechtswissenschaft erhebliche Vorbehalte. Zwar hält er sie vom wissenschaftlichen Standpunkt aus für weitaus befriedigender als die dogmatische Rechtswissenschaft und er betrachtet es als ihr Hauptverdienst, daß durch die Einbeziehung der historischen Entwicklung die Rechtsinstitute ihren zufälligen und vergänglichen Charakter verlieren. „Die unsterblichen Verdienste der historischen Schule um die Erforschung der Vergangenheit können gerechterweise nicht bestritten werden"[12].

Dennoch sieht Menger durch die geschichtliche Erforschung die praktische Betätigung und Anwendung des Rechts – für ihn der Hauptzweck der Jurisprudenz – in den Hintergrund gedrängt. Insbesondere die Entwicklung der Zivil- und Strafgesetzgebung hält Menger durch das Wirken der historischen Schule für entscheidend gehemmt[13]. In seiner Rektoratsrede unternimmt Menger zur Begründung dieser Ansicht einen ideengeschichtlichen Exkurs:

Er sieht in der ersten Hälfte des 17. Jahrhunderts das Heraufkommen des Naturrechts, das sich vor allem durch kritisches Denken und eine Abkehr vom Autoritätsprinzip auszeichnete. Den Höhepunkt seines Einflusses erreicht das Naturrecht vor Ausbruch der französischen Revolution, und es findet seinen

---

6 Kirchmann, Wertlosigkeit, S. 7.

7 Kirchmann, Wertlosigkeit, S. 10.

8 Kirchmann, Wertlosigkeit, S. 12/13.

9 Kirchmann, Wertlosigkeit, S. 15.

10 Kirchmann, Wertlosigkeit, S. 25.

11 Kirchmann, Wertlosigkeit, S. 17.

12 Menger, BGB, S. 12; zur geschichtlichen Rechtswissenschaft auch: Soziale Aufgabe, S. 88 ff.

13 Menger, Soziale Aufgabe, S. 9/10; ähnlich derselbe, Gutachten, S. 6, BGB, S. 10.

Niederschlag in den drei großen Gesetzeswerken der Aufklärungszeit in Frankreich, Preußen und Österreich. Menger überschätzt den Wert der naturrechtlichen Forschungen nicht; dazu beruhten sie viel zu sehr auf „abstrakten und aprioristischen Grundlagen“[14], und es wurden die vergangenen Zeiten lediglich vom Standpunkt der Gegenwart aus beurteilt. Als Verdienst bleibe jedoch eine freie Denkweise gegenüber dem überlieferten Rechtsstoff.

Diese Situation änderte sich, als durch den Ausbruch der französischen Revolution die Stellung der herrschenden Klassen wenigstens in staatsrechtlicher Hinsicht in Frage gestellt wurde. Menger konstatiert, daß ausgangs des 18. Jahrhunderts eine geschichtliche Auffassung von Staat und Recht durch eine Reihe von Autoren, denen politische Zwecke wichtiger waren als Wahrheit und wissenschaftliche Erkenntnis, „als Mittel der Gegenrevolution“[15] ausgebildet wurde. „Schon die Schriften der Gründer der historischen Rechtsschule lehrten eine fast unbedingte Hingabe an die geschichtlich gewordenen Ordnungen der Völker, eine blinde Bewunderung der klassischen römischen Jurisprudenz, eine unkritische Unterwerfung unter die geschichtliche und wissenschaftliche Autorität“[16]. Die Rechtswissenschaft nahm laut Menger von den ungeheueren sozialen Umwälzungen durch Großindustrie und Zusammenballung der Arbeiterschaft keine Kenntnis. Menger tadelt die geschichtliche Erforschung des Rechts durch die historische Rechtsschule nicht, sondern hält ihr Vorgehen in dieser Hinsicht für löblich und wünschenswert; ihre unkritische Hingabe an das Autoritätsprinzip jedoch erinnert ihn an die wissenschaftliche Befangenheit des Mittelalters. Die einseitige Betrachtungsweise der historischen Rechtsschule und ihre Ablehnung des Naturrechts habe so auch andere wissenschaftliche Richtungen bei der notwendigen, kritischen Durchdringung des Stoffs behindert.

Mit dieser Kritik an der herrschenden Richtung der Rechtswissenschaft des 19. Jahrhunderts war Menger nicht allein. Menger zustimmend bemerkt Kohler: „Die historische Schule hat sich lange Jahre nicht als mächtig erwiesen, um mit der Zeit zu gehen; sie hat viele Jahre lang übersehen, daß die Gegenwart auch zur Zeit gehört und daß es in einer Periode des Fortschritts nicht angeht, sich bloß in der Vergangenheit zu vergraben“[18].

Vermutlich im Jahr 1889 erschienen in Zürich zwei amtliche Denkschriften „Vorschläge zur Organisation einer eidgenössischen Hochschule in Verbindung mit der Hochschule für Staatswissenschaften“, die Menger befürwortend begutachtete[19]. Diese Denkschriften verweisen voll Zustimmung auf Mengers BGB-

14 Menger, Soziale Aufgabe, S. 12.

15 Menger, Soziale Aufgabe, S. 13.

16 Menger, Soziale Aufgabe, S. 14.

17 Menger, Soziale Aufgabe, S. 17.

18 Kohler, Rechtswissenschaft, S. 218.

19 Vgl. Menger, Gutachten.

Entwurfskritik[20] und teilen auch seine Vorbehalte gegen den Pandektismus. „Die juristisch zu behandelnde Tatsache wird in das Prokustesbett des überkommenen römisch-rechtlichen Begriffs gelegt; hier wird sie beschnitten oder gestreckt, bis sie das Bett gerade ausfüllt“[21]. Die Verfasser der Denkschrift befürchten, daß „aus der fortgesetzten Beschäftigung mit dem römischen Rechtssatze die Glorifikation desselben“ erwächst[22], und sie konstatieren: „Das römische Recht rechtfertigt also weder dem sachlichen Inhalt seiner Begriffe nach noch durch seine ethische Tendenz die souveräne Stellung, die ihm in der Rechtsbildung angewiesen ist“[23].

Wie weit verbreitet das Unbehagen über die historische Schule gewesen ist, hat Walter Wilhelm in einer Untersuchung der juristischen Methodenlehre des 19. Jahrhunderts nachgewiesen. Unter Nennung von Thibaut, Gierke und Kantorowicz charakterisiert er die historische Schule dahingehend, daß anstelle des laut verkündeten Respekts vor dem geschichtlich Gewordenen ein einseitiger Doktrinarismus herrscht, der auf die Wiederherstellung des reinen römischen Rechts abzielt[24]. Wilhelm spricht von der „quietistischen Tendenz“[25] und von der „apologetischen Funktion der historischen Methode“, derzufolge das kritische rechtspolitische Denken, das doch auf Veränderung der gesellschaftlichen Verhältnisse drängte, durch das geschichtliche Begreifen des bestehenden Zustandes zu eben diesem verpflichtet worden sei[26]. Diese Analyse Wilhelms deckt sich mit den von Menger 60 Jahre früher erarbeiteten Erkenntnissen.

3. BGB-Entwurf

Für Menger kulminierte die Entwicklung der Rechtswissenschaft des 19. Jahrhunderts im BGB-Entwurf, „welcher der Form nach abschreckend, dem Inhalt nach völlig ideenlos war“[27]. Menger glaubt, daß die Zeit zum Gesetzgebungserlaß niemals günstiger gewesen wäre; dennoch sei ein Entwurf erlassen worden, der genausogut 1788 oder ein Jahrhundert später hätte erscheinen können[28].

Im einzelnen soll auf die von Menger präzis ausgearbeiteten Gegenvorstellungen zum BGB-Entwurf nicht eingegangen werden, weil Menger sich hierbei gewissen

20 Vorschläge, S. 26/75.
21 Vorschläge, S. 12.
22 Vorschläge, S. 17.
23 Vorschläge, S. 19.
24 Wilhelm, Methodenlehre, S. 32.
25 Wilhelm, Methodenlehre, S. 39.
26 Wilhelm, Methodenlehre, S. 43.
27 Menger, Soziale Aufgabe, S. 18/19.
28 Menger, BGB, S. 15/16.

„Selbstbeschränkungen" unterworfen hat: Er hat den BGB-Entwurf nicht von seinem sonst eingenommenen sozialistischen Standpunkt aus einer Kritik unterzogen, sondern er wollte zeigen, inwiefern die Interessen der Besitzlosen verletzt sind, auch wenn man die Privatrechtsprinzipien als Ausgangspunkt anerkennt[29]. Die in diesem Zusammenhang gemachten Ausführungen Mengers zur herrschenden Rechtsauslegungs- und -anwendungspraxis sollen jedoch im Rahmen dieser Darlegung seiner rechtstheoretischen Vorstellungen zur Sprache kommen.

Menger hält es für die beiden großen Fiktionen der Zivilgesetzbücher, „daß das bürgerliche Recht vollständig sei und daß es jedem Staatsbürger vollständig bekannt ist"[30].

Insbesondere die Annahme einer allgemeinen Rechtskenntnis erscheint ihm als „die lächerlichste aller Fiktionen", und die hieraus entstehenden Rechtsnachteile sind das „offenbarste Unrecht", weil die unteren Volksklassen weder große Rechtskenntnisse besitzen noch fehlendes Wissen durch Anfrage bei Kundigen ersetzen können[31].

Aber auch die Fiktion einer Lückenlosigkeit des geltenden Zivilrechts und das sich hieraus ergebende Gebot, bei Fehlen einer Regelung die vorhandenen Gesetze analog anzuwenden, hält Menger für die Besitzlosen von Nachteil. Er steht dabei nicht auf dem Standpunkt, die Analogie als Eingriff in die gesetzgebende Gewalt zu verwerfen; vielmehr meint er, daß nichts so sehr der Nachhilfe bedürfe wie die Gesetzgebung. Aber Menger möchte die analoge Rechtsanwendung trotzdem durch eine Entscheidung nach Zweckmäßigkeitsgründen ersetzen, weil er sich auf diesem Wege eine Zivilrechtsreform von innen heraus erhofft. Könnte der Zivilrichter bei Fehlen einer ausdrücklichen Regelung nach Zweckmäßigkeitsgründen entscheiden, so glaubt Menger, daß dadurch die Einseitigkeit des Zivilrechts gemildert und dieses sogar umgebildet werden könne[32].

Karl Kraus, ansonsten ein uneingeschränkter Bewunderer seines „hochverehrten Lehrers", kann sich dennoch nicht „mit Menger für das Postulat begeistern, daß die Richter selbsttätig in die Zivilrechtspflege eingreifen sollen"[33]. L. v. Bar erblickt in Mengers Vorschlägen eine zwar wohlgemeinte, aber gefährliche Bevormundungstendenz, und er fragt sich, wer dafür bürgt, „daß die ungeheure, wesentlich nach einem ganz unbestimmten Ermessen dem Richter eingeräumte Macht richtig ausgeübt werde, daß sie nicht auch oft einseitig gerade gegen den

---

29 Menger, BGB S. 2/3, auch S. 241.

30 Menger, BGB, S. 26.

31 Menger, BGB, S. 20/21.

32 Menger, BGB, S. 23/24.

33 Kraus, Das Bürgerliche Recht, Nr. 33, S. 286.

Unvermögenden sich wende"[34]. Auch die Abschaffung des Prinzips ‚Rechtsirrtum schadet' hält v. Bar für ungerecht, weil in einem Zivilprozeß dann derjenige den Schaden zu tragen habe, der sich um Rechtskenntnis bemüht habe[35].

Nach Menger wird die Rechtsverfolgung der unteren Volksklassen auch noch dadurch erschwert, daß bei jeder Handlung, die rechtliche Bedeutung haben soll, einerseits an einen äußerlich erkennbaren Tatbestand, andererseits aber auch an innere Zustände des Willens angeknüpft wird. „Die Natur der Sache bringt es nun mit sich, daß die Armen bei dieser Konstruktion der inneren Zustände durch den Richter viel häufiger als die Besitzenden benachteiligt werden", weil auch der gerechteste Richter die inneren Zustände der Besitzlosen nicht zu erfassen vermag und deshalb eher eine rechtswidrige Willensbestimmung anzunehmen geneigt ist[36].

Diese Feststellung ist Menger als „ein durch nichts gerechtfertigtes Übelwollen" angekreidet worden, durch das er den „deutschen Richterstand in den Staub gezogen" habe; „am wenigsten sollte ein Lehrer des Zivilprozesses mit solchen Behauptungen zur Beunruhigung der Massen beitragen"[37].

Edgar Loening jedoch hat Menger in dieser Sache unterstützt und Zweifel darüber geäußert, ob es sinnvoll sein könne, die gesamte Rechtsanwendung der „Diskretion der Fachjuristen" zu überlassen[38].

4. Juristenausbildung

Gerade weil die Juristen in der Lage sein müßten, auch die Willensbestimmungen der unteren Volksklassen gerecht einzuschätzen, und weil Menger den Juristen bei der „Reform des Zivilrechts von innen heraus"[39] viel zutraut, hat er sich mit der juristischen Ausbildung näher auseinandergesetzt. Die gegenwärtige Juristengeneration hält er in der „grausamen Schule des römischen Rechts aufgezogen"[40]; daneben erscheint ihm die fast ausschließliche Herkunft der Richter aus den gebildeten und besitzenden Klassen als ein feudalen Vorrechten vergleichbares Privileg[41]. Beidem, dem Problem der Herkunft und der einseitigen Schulung am römischen Recht, hofft Menger durch eine zweckmäßige Ausbildung des Juristenstandes begegnen zu können.

---

34 Bar, Entwurf, S. 402.

35 Bar, Entwurf, S. 400.

36 Menger, BGB, S. 27/28.

37 Jacoby, Das bürgerliche Recht, S. 280.

38 Loening, Das bürgerliche Recht, S. 397.

39 So Menger, BGB, S. 24.

40 Menger, BGB, S. 25.

41 Menger, BGB, S. 29, ähnlich S. 18.

Diese Ausbildung dürfte sich jedoch nicht nur auf die Geschichte und Dogmatik des Rechts beziehen, sondern müßte auch den Zusammenhang mit den zu jeder Zeit herrschenden Kultur- und Machtverhältnissen erschließen: „Nur müßte das sozialwissenschaftliche Kollegium die geschichtlich gegebenen Rechtssysteme nicht bloß als ein Produkt des jeweiligen Kulturzustandes, sondern noch mehr als Ausdruck und Ausfluß der bestehenden gesellschaftlichen Machtverhältnisse auffassen, weil in jedem Rechtssystem überaus zahlreiche Rechtsinstitute, die mit dem Kulturzustand der Nation in entschiedenstem Widerspruche stehen, doch wegen der Fortdauer der entsprechenden Machtverhältnisse ihr Dasein behaupten“[42].

5. Legislativ-politische Jurisprudenz

Für Menger ist es von grundlegender Wichtigkeit, daß neben dogmatischer und geschichtlicher Rechtswissenschaft auch legislativ-politische Jurisprudenz betrieben wird. Das methodische Vorgehen ist dabei zweitrangig: Sei es, daß das alte Naturrecht auf erfahrungsmäßiger Grundlage neu belebt wird, sei es, daß rechtsvergleichend vorgegangen wird oder die Prüfung der bestehenden Rechtszustände eine Verbindung mit dogmatischer oder geschichtlicher Darstellung erfährt. „Nur muß unter welchem Namen auch immer eine Disziplin bestehen, welche die Aufgabe hat, den überlieferten Rechtsstoff mit den Zuständen der Gegenwart zu vergleichen und daraus zu schließen, welche Änderungen des geltenden Rechts in Zukunft notwendig sein werden“[43].
Kohler hat Menger in diesem Zusammenhang vorgeworfen, daß er die Aufgaben der dogmatischen Rechtswissenschaft verkenne, wenn er zwischen ihr und der Rechtspolitik eine solche Kluft gähnen lasse. „Die gesetzespolitische Betrachtungsweise ist auch für die Dogmatik von größter Wichtigkeit, denn die Gesetzespolitik ist Interpretativmittel, und darum ist es doppelt unrichtig, diese sogenannte Gesetzespolitik von der Jurisprudenz trennen zu wollen: sie hat nicht nur diejenigen Juristen zu geleiten, die zur Gesetzgebung berufen sind, sondern auch diejenigen, die aus dem Gesetz die maßgebenden Rechtssätze zu schöpfen haben“[44].
Ernst Fraenkel bezeichnet den Mengerschen Ansatz als „analysierende Rechtssoziologie“[45]. In der Tat finden sich Parallelen zwischen Mengers Vorstellungen und denjenigen, die Fraenkels Lehrer Hugo Sinzheimer in einem 1909 gehaltenen Vortrag „Die soziologische Methode in der Privatrechtswissenschaft“ vertreten hat. Sinzheimer geht von folgender Feststellung aus: „Die Rechtsordnung

42 Menger, Gutachten, S. 9/10.

43 Menger, Soziale Aufgabe, S. 20, auch S. 4.

44 Kohler, Rechtswissenschaft, S. 224.

45 Fraenkel, Justiz, S. 331.

braucht sich mit der tatsächlichen Rechtswirklichkeit nicht zu decken und deckt sich auch tatsächlich mit ihr in vielen Beziehungen nicht. Denn nicht alles geltende Recht ist wirksam und nicht alles wirksame Recht ist ausgesprochen“[46]. Diese Diskrepanz zwischen dem überlieferten Rechtsstoff und den gegenwärtigen Zuständen besteht auch für Menger. Für Sinzheimer sind Tatbestandsermittlung und Rechtsdarlegung die beiden Mittel, deren sich die soziologische Methode bei der Erschließung des wirksamen Rechts aus den gesellschaftlichen Lebensbedingungen heraus bedienen muß[47]; die Tatbestandsermittlung zerfällt dabei in einen deskriptiven und analytischen Teil[48], während die Rechtsdarlegung aus bloßer Rechtsanwendung oder aus Rechtsauffindung besteht[49]. Genau wie Mengers legislativ-politische Wissenschaft will auch die soziologische Methode Sinzheimers das dogmatische Vorgehen nicht verdrängen, sondern vielmehr ergänzen[50]. Weiterhin geht es Sinzheimer wie auch Menger nicht darum, „neue sozialpolitische Ideen und Vorschläge zu finden, sondern es handelt sich darum, diese Ideen so auszudenken, daß sie als Rechtsform und Rechtssysteme in das Leben eingeführt werden können“[51].
Die Parallelen zwischen beiden Auffassungen sollen jedoch nicht überstrapaziert werden: Sinzheimer sucht die Erkenntnis der Rechtswirklichkeit, wozu er ein differenziertes Begriffsinstrumentarium entwickelt hat, während Menger aus den Zuständen der Gegenwart insbesondere Schlüsse für die Zukunft ziehen will; auch hat sich Sinzheimer, obwohl er später veröffentlichte, nirgends auf Menger berufen. Aber der soziologische Ansatz in Mengers Forderung nach einer legislativ-politischen Jurisprudenz ist unverkennbar. In diesem Sinn ist es berechtigt, von Menger als Begründer einer wissenschaftlichen Rechtspolitik zu sprechen[52].

II. Theorien über die Entstehung von Staat und Recht

Seine eigene Auffassung über die Entstehung von Staat und Recht und die daraus sich ergebende Rechtsvorstellung entwickelt Menger nach einer Diskussion der verbreitetsten Erklärungsansätze für dieses Problem. Menger hält dabei die Theorien der historischen, organischen und naturrechtlichen Schule für die wichtigsten rechtswissenschaftlichen Richtungen der Vergangenheit.

46 Sinzheimer, Soziologische Methode, S. 7 und passim.
47 Sinzheimer, Soziologische Methode, S. 15.
48 Sinzheimer, Soziologische Methode, S. 15/17.
49 Sinzheimer, Soziologische Methode, S. 18.
50 Sinzheimer, Soziologische Methode, S. 24/25, auch S. 7.
51 Sinzheimer, Soziologische Methode, S. 29.
52 Reich, Einleitung, S. 49; derselbe auch Anton Menger, S. 96/100.

1. Geschichtliche Auffassung

Nach der geschichtlichen Auffassung sind Recht und Staat ein Produkt des Volksgeistes, also der besonderen geistigen Beschaffenheit jeder Nation. Aus diesem Grund behaupten sie auch ihr Dasein unabhängig von individueller Willkür. Menger führt aus, daß selbst Gesetzgebung und Rechtswissenschaft, wenn sie im Lauf der geschichtlichen Entwicklung neben das Gewohnheitsrecht treten, nach der historischen Auffassung nur die Aufgabe haben, „das ideell bereits bestehende Volksrecht darzustellen und zu befestigen“[53].

Als herausragende Vertreter dieser historischen Auffassung nennt Menger Burke, Gentz, Savigny und Stahl.

2. Organische Auffassung

Weil Staat und Recht ihr Dasein nicht menschlicher Willkür, sondern einem unsichtbaren Volksgeist verdanken, entstehen, wachsen und vergehen sie auch gleich anderen Naturorganismen; für eng verbunden mit der geschichtlichen hält Menger die organische Auffassung von Staat und Recht. Deren Wesen besteht darin, Staat und Recht mit tierischen und pflanzlichen Organismen zu vergleichen[54]. Für die wichtigsten Vertreter dieser Auffassung hält Menger Lilienfeld, Schäffle und Gierke.

Menger steht demgegenüber auf dem Standpunkt, daß Staat und Recht keine nähere Verwandtschaft mit Organismen aus der Tier- und Pflanzenwelt haben, und daß über die durch Menschen geschaffene Staats- und Rechtsordnungen sogar noch genauere Kenntnisse vorhanden sind als über die organischen Gebilde: „Die organische Auffassung von Recht und Staat leidet daher an dem logischen Fehler, daß sie das Unbekannte oder richtiger das Verwickelte durch das noch Unbekanntere zu erläutern versucht“[55].

Hugo Preuß betrachtet diese Aussage Mengers als Fehlinterpretation der organischen Theorie; diese organische Theorie „verfährt vielmehr nach logisch durchaus richtiger Methode, indem sie innerhalb des Gattungsbegriffs ‚Organismus‘ die beiden Arten des sozialen und des physischen Organismus gerade voneinander unterscheidet, sie einander entgegensetzt und nicht miteinander vergleicht“[56].

Menger erklärt die weite Verbreitung der organischen Auffassung dadurch, daß mit ihr notwendigerweise die Vorstellung verbunden ist, ähnlich wie körperliche Organismen könnten sich auch Staat und Recht nur sehr langsam und nur in der

53 Menger, Staatslehre, S. 28/29; auch BGB, S. 8/9.

54 Menger, Staatslehre, S. 29; BGB, S. 8.

55 Menger, Staatslehre, S. 29.

56 Preuß, Zukunftsstaatsrecht, S. 418.

durch den bisherigen Zustand schon vorgegebenen Richtung verändern und weiterentwickeln. Die organische Theorie zeigt sich laut Menger gerade sozialen Entwicklungen gegenüber feindlich, deren Fortschritt doch in einer Verschiebung der politischen und wirtschaftlichen Funktionen zwischen den Volksklassen besteht: Da bei einem Naturorganismus die Funktionen der einzelnen Bestandteile durch das Naturgesetz festgelegt sind, nehmen die besitzenden und bevorrechteten Klassen unter Berufung auf die organische Theorie auch die Unabänderlichkeit ihrer Stellung für sich in Anspruch. Von diesem Standpunkt aus sind die unteren Volksklassen die dienenden Glieder eines großen Ganzen und haben ihren Zustand ohne Murren und Widerspruch zu ertragen[57].

Dieser These Mengers widersetzt sich Preuß mit einer naturwissenschaftlichen Argumentation. Für Preuß ist die wichtigste Erkenntnis der Naturwissenschaften diejenige „von der evolutionistischen Abänderung der einzelnen organischen Bestandteile eines Organismus durch Differenzierung und Integrierung". Auch für die soziale Entwicklungsgeschichte gilt dieses Evolutionsprinzip. „An seine Stelle wiederum die Unabänderlichkeit der organischen Bildungen und Funktionen zu setzen, ist nichts anderes als ein Rückfall in den engsten unwissenschaftlichen Dogmenglauben, gegen den im übrigen ja gerade Menger in vielfach überaus treffender und mutiger Weise Stellung nimmt"[58].

Nichtsdestoweniger sieht Menger den natürlichen Gegensatz zwischen Herrschern und Beherrschten durch eine Theorie der organischen Einheit von Volk und Regierung verschleiert, und er warnt: „Wer von der organischen Auffassung von Recht und Staat durchdrungen ist, wird nur allzu leicht vergessen, daß die Orkane und Erdbeben ebenso zum regelmäßigen Naturablauf gehören wie das stille Wachstum des Tieres oder der Pflanze"[59].

3. Naturrechtliche Schule

Im Gegensatz zu den bisher referierten Theorien erblickt die naturrechtliche Schule – zu der Menger namentlich die der französischen Revolution unmittelbar vorausgehenden Autoren rechnet[60] – in Staat und Recht das Ergebnis menschlicher Reflexion. Der Staat ist nach dieser Auffassung das Produkt eines auf Gründung einer Staatsgenossenschaft gerichteten ausdrücklichen oder stillschweigenden Vertrages der Bürger. Aber nicht nur die Entstehung, sondern auch die weitere Entwicklung beruht auf freier Entschließung; die Gesetze sind als der allgemeine Wille der Staatsgenossen zu betrachten[61].

57 Menger, Staatslehre, S. 30.

58 Preuß, Zukunftsstaatsrecht, S. 419.

59 Menger, BGB, S. 13; auch Volkspolitik, S. 23.

60 Menger, Staatslehre, S. 30 unter Hervorhebung von Rousseau.

61 Menger, Staatslehre, S. 31; BGB S. 8.

4. Mengers Einschätzung dieser Theorien

Bei der Abwägung dieser Entstehungstheorien von Staat und Recht ist Menger der Ansicht, daß die geschichtliche Auffassung naturgemäß von den Gesellschaftskreisen vertreten wird, die von der geltenden Rechtsordnung bevorzugt sind; dagegen zeigten die fortschrittlichen Elemente der Gesellschaft seit jeher eine Neigung für die naturrechtlichen Theorien[62]. Nichtsdestoweniger hält Menger sowohl die historische als auch die naturrechtliche Auffassung vom Standpunkt der herrschenden Klassen ausgebildet. Dem Naturrecht wird zwar oft ein revolutionärer Charakter zugeschrieben[63]. Das hält Menger für falsch; den Ausbruch der französischen Revolution beispielsweise sieht er viel mehr durch die Unzuverlässigkeit der Armee als durch die Schriften Rousseaus, Voltaires und der Enzyklopädisten verursacht[64].

Menger glaubt, die herrschenden Theorien über die Entstehung von Staat und Recht seien mit einiger Berechtigung nur auf die staatsrechtlichen Elemente der Rechtsordnung anwendbar; der diesen Theorien zugrunde liegende Irrtum werde jedoch deutlich, wenn man sie auf das Privatrecht – für Menger der wichtigste Teil der Rechtsordnung[65] – anwenden wolle. „Denn wer wird mit einigem Schein behaupten können, daß eine bestimmte Rechtsordnung aus dem Geist der gesamten Nation entsprungen ist, wenn durch dieselbe 4/5 oder 9/10 aller Staatsgenossen von den meisten Genüssen und Vorteilen durch ihr ganzes Leben ausgeschlossen werden? Und ebenso widersinnig ist die Annahme, daß die ungeheuere Mehrheit des Volkes zu jener Zurücksetzung durch ausdrücklichen oder stillschweigenden Vertrag ihre Zustimmung gegeben hat“[66].

L. v. Bar hält diese These Mengers für unrichtig: Gerade das Vermögensrecht wende sich nur scheinbar gegen die Besitzlosen; in Wirklichkeit müsse jede Rechtsordnung die Rechte, die sie anerkenne, vor Eingriffen schützen. Die Rechtsordnung sei daher Schutz für die von ihr Betroffenen, nicht aber Maßnahme gegen solche, die an ihr nicht teilhaben; „d.h., daß sie eine gewisse Exclusivität sanktionieren muß gegenüber denjenigen, die das fragliche Recht im einzelnen Fall nicht haben“[67].

62 Menger, Staatslehre, S. 28.

63 Menger, Staatslehre, S. 31.

64 So Menger, Soziale Aufgabe, S. 12/13.

65 Menger, Soziale Aufgabe, S. 9/10; Staatslehre, S. 32/33/108.

66 Menger, BGB, S. 9; ähnliche Volkspolitik S. 3.

67 Bar, Entwurf, S. 400.

III. Mengers Auffassung über Entstehung und Funktion von Recht

1. Entstehung der Rechtsordnung

Für Menger selbst ist das Recht aus Überlieferung und Gewohnheit entstanden; beginnender Staat und sich entwickelnde Gesetzgebung hatten nur die Funktion, das umrißhaft schon bestehende Rechtssystem auszufüllen und näher zu bestimmen. In den ursprünglichen Zuständen der Menschheit existierte weder eine Rechtsordnung, noch waren rechtliche Befugnisse des einzelnen anerkannt. Es standen sich lediglich Interessen gegenüber, bei deren Widerstreit die Starken und Mächtigen zwangsläufig über die Schwachen und Machtlosen gewinnen mußten. Zunächst drückte sich die Macht vor allen Dingen in persönlichen Eigenschaften wie Kraft oder Mut aus; im Laufe der Entwicklung wurden durch jene persönlichen Eigenschaften Rechte erworben, die jene zunächst stützten und schließlich völlig ersetzten. Menger kommt zu dem Ergebnis, daß das Recht aus den Interessenkämpfen der Mächtigen entstanden ist[68].

Die Entstehung einer neuen Rechtsordnung durch Gewalt habe sich später hundertfach wiederholt. „Deshalb kann eine Theorie, welche nicht den Interessen, sondern den Tatsachen dient, unseren Rechts- und Gesellschaftszustand nicht als eine Lebensäußerung der gesamten Nation hinstellen, sondern sie ist zu der Auffassung genötigt, daß dieser ursprünglich durch Gewalt entstanden ist und noch heute in seinen wesentlichen Bestandteilen auf Machtverhältnissen beruht“[69].

Beispiele für die Auffassung, daß alle bisherigen Rechtsordnungen aus Machtverhältnissen entstanden sind und nur den Zweck verfolgen, den Nutzen weniger Mächtiger auf Kosten der breiten Massen zu fördern, sind für Menger die Sklavenhalterei im Altertum und die Hörigkeit und Leibeigenschaft in der feudalen Gesellschaft[70]. Karl Diehl bezweifelt allerdings „gerade auch vom historischen Standpunkt“, daß Menger mit diesen Beispielen „das ausschlaggebende Moment in einer vieltausendjährigen Entwicklung“ getroffen habe, um seine Auffassung zu belegen[71].

2. Recht als Summe von dauernd anerkannten Machtverhältnissen

Menger jedoch hält auch die modernen Privatrechtsverhältnisse nicht für das Produkt des ganzen Volkes, sondern nur begünstigter Kreise, wobei das

68 Menger, BGB, S. 5/6.

69 Menger, Staatslehre, S. 32; ähnlich Staatslehre S. 227.

70 Menger, Staatslehre, S. 3.

71 Diehl, Staatslehre, S. 227.

Strafrecht der Absicherung der Machtverhältnisse dient[72]. Die Rechtsordnung erscheint ihm als Summe von dauernd anerkannten Machtverhältnissen, und deshalb findet er es nur einleuchtend, daß die gewerblichen Arbeiter gewisse Verbesserungen des Dienstvertragsrechts erzwingen konnten; demgegenüber zählt das Gesinderecht zu den zurückgebliebensten Teilen der Rechtsordnung, weil die diesem Recht Unterworfenen weder denselben Organisationsstand noch die gleiche Ausbildung wie die Arbeiterschaft haben[73].

Eugen Ehrlich teilt diese Betrachtungsweise und fügt erklärend hinzu: „Die Entwicklung des Arbeiterschutzes folgt Schritt auf Tritt der Machtentfaltung des Proletariats. Das größte Maß des Schutzes erkämpften die am besten organisierten gewerblichen Arbeiter. Die gar nicht organisierten land- und forstwirtschaftlichen Arbeiter sind vom Arbeiterschutz kaum berührt und, was das zum überwiegenden Teil aus geduldigen und gedrückten Frauenspersonen bestehende Gesinde betrifft, so steht es heute noch unter der Herrschaft der Gesindeordnungen, deren nicht wenige aus dem vorigen Jahrhundert stammen und dem Gesindeverhältnis beinahe den Charakter der Leibeigenschaft aufdrücken"[74]. Demgegenüber hält Jacoby in einer Rezension die Benachteiligung der Dienstboten für nicht gravierend[75].

Für Mengers Rechtsverständnis ist es besonders wichtig, „daß der Befugnis des Berechtigten auch eine entsprechende tatsächliche Macht zur Seite steht"[76]. Zum Nachweis dessen greift er auf eine Stelle bei Tocqueville zurück: Hiernach waren die Feudallasten im vorrevolutionären Frankreich viel weniger drückend als in Deutschland oder England zu jener Zeit; dennoch entzündete sich der Haß der Bevölkerung hauptsächlich an dieser Form des arbeitslosen Einkommens, „weil das Königtum dem französischen Adel alle Machtbefugnisse, deren Ausübung die Feudallasten hätte legitimieren können, vollständig entzogen hatte"[77].

Gegen Mengers Thesen hat Steinbach vorgebracht, sie hätten ein viel zu privatrechtliches Gepräge an sich; in ihnen sei immer nur von Macht und Recht, mit keinem Wort aber von bestehenden Pflichten die Rede. Insbesondere berufe sich Menger zu Unrecht auf Tocqueville, wenn er seine Ansicht belegen wolle, daß der Befugnis des Berechtigten immer auch eine tatsächliche Macht zur Seite stehen müsse. Tocqueville nämlich betrachte gerade auch in der von Menger zitierten Stelle nicht die Entziehung der Machtbefugnisse durch den französischen König als Ursache dafür, daß die Privilegien des Feudaladels aufhören

---

72 Menger, Staatslehre, S. 146.

73 Menger, BGB, S. 161/162; ähnlich BGB, S. 229.

74 Ehrlich, Soziale Frage, S. 436/437.

75 Jacoby, Das bürgerliche Recht, S. 284.

76 Menger, Arbeitsertrag, S. 121.

77 Menger, Arbeitsertrag, S. 121; Tocqueville-Stelle aus „L'ancien régime et la révolution" liv. 2, ch. 1.

mußten. Vielmehr führe Tocqueville dies darauf zurück, daß der Adel nicht mehr die ihm zustehenden Aufgaben – wie die öffentliche Ordnung zu wahren oder die Gesetze auszuführen – erfüllte; erst deswegen wurden die Vorrechte des Adels nicht mehr länger hingenommen, weil er auch seine Pflichten nicht mehr erfüllte. Tocqueville sei also für Mengers Thesen nicht nur kein Beleg, sondern sogar eine Widerlegung[78].

Auch von anderen Autoren sind grundsätzliche Einwände dagegen erhoben worden, das jeweils geltende Recht nur als Niederschlag der bestehenden Machtverhältnisse aufzufassen[79].

3. Vorgänger Mengers

Für Vorgänger Mengers in bezug auf sein Rechtsverständnis hält Carl Grünberg Necker, den Minister Ludwigs XIV., und den französischen Nationalökonomen Linguet (1736–1794); beide hätten besonders die Machttheorie mit derselben Einseitigkeit wie Menger selbst vertreten. Grünberg belegt seine Ansicht mit verschiedenen Stellen aus den Werken Linguets und Neckers und bemerkt dazu, daß Menger beide nicht gekannt zu haben scheint[80].

Wahrscheinlicher ist es jedoch, daß Menger keine Veranlassung sah, näher auf Neckers und Linguets Ansichten einzugehen. Insbesondere das Werk Linguets nämlich wird von der Vorstellung durchzogen, daß allein der asiatische Despotismus eine geeignete Gesellschaftsverfassung für die Menschen biete und nur er ruhiges Glück und sichere Existenz gewährleiste[81]; die Sklaverei hält Linguet für eine Naturnotwendigkeit[82]. Derlei Merkwürdigkeiten haben mit Mengers Auffassungen nichts gemeinsam, sind ihnen vielmehr geradezu entgegengesetzt[83].

Menger hat dagegen ausdrücklich auf eine Reihe von Autoren verwiesen, die wie er die Position vertreten, daß Staat und Recht aus Machtverhältnissen entspringen und daß deren Aufrechterhaltung ihr eigentlicher Zweck ist. So unterschiedliche Denker wie Platon, Machiavelli, Morus, Hobbes, Spinoza und Haller hat Menger unter diesem Gesichtspunkt angeführt[84]. Aber erst der auch bei Menger

78 Steinbach, Grundideen, S. 546.

79 So Jacoby, Das bürgerliche Recht, S. 279/280 und Loening, Das bürgerliche Recht, S. 396.

80 Grünberg, Leben und Lebenswerk, S. 50/51.

81 Philipp, Linguet, Originalzitate von Linguet hierzu auf den Seiten 22/25/39/41.

82 „L'esclavage n'est pas plus contre nature que la richesse; l'inigence, les loix, les fusils, les maisons, les souliers sont contre la nature. Tout cela est également nécessaire, . . ." aus: Théorie des loix, tome III pag. 255; zitiert nach Philipp, Linguet, S. 43.

83 Zu Linguet und Necker auch kritisch („Theoretiker, die über die bloße Negation nicht hinauskommen") Grünberg, Wörterbuch Neudruck, S. 242 ff./247.

84 Menger, Staatslehre, S. 43/44.

genannte Ferdinand Lassalle nimmt in seinem 1862 vor dem Berliner Bürger-Bezirksverein gehaltenen Vortrag „Über Verfassungswesen“ eine ähnliche Position wie Menger ein.

Lassalle geht von der Frage nach dem Wesen der Verfassung aus, und er verwirft die juristischen Antworten darauf als unbefriedigend; unbefriedigend deshalb, weil sie die Verfassungen als „einen zwischen König und Volk beschworenen Pakt“ oder als „das in einem Land proklamierte Grundgesetz“ bezeichnen[85]. Er gelangt dagegen zu dem Schluß, daß es eine tätige Kraft geben muß, „welche alle anderen Gesetze und rechtlichen Einrichtungen, die in diesem Land erlassen werden, mit Notwendigkeit zu dem macht, was sie eben sind, so daß von nun ab gar keine anderen Gesetze als eben diese in diesem Land erlassen werden können“[86]. Für Lassalle sind die Machtverhältnisse, die in jeder Gesellschaft herrschen, jene tätige Kraft[87], und er hält einen Wechsel eben jener Machtverhältnisse für die Ursache jeglicher Veränderungen[88]. Die rechtliche Verfassung ist ihm zufolge nur der niedergeschriebene, schriftliche Ausdruck jener tatsächlichen Machtverhältnisse; wo die geschriebene Verfassung nicht der wirklichen entspricht, findet ein Konflikt statt zwischen dem Blatt Papier und den herrschenden Machtverhältnissen, dessen Ausgang nicht zweifelhaft sein kann[89]. Lassalle faßt seine Position in folgender Feststellung zusammen, die so auch von Menger hätte getroffen werden können: „Verfassungsfragen sind ursprünglich nicht Rechtsfragen, sondern Machtfragen; die wirkliche Verfassung eines Landes existiert nur in den reellen, tatsächlichen Machtverhältnissen, die in einem Lande bestehen; geschriebene Verfassungen sind nur dann von Wert und Dauer, wenn sie der genaue Ausdruck der wirklichen in der Gesellschaft bestehenden Machtverhältnisse sind“[90].

Sieben Monate später hat Lassalle diese Grundsätze in einem zweiten Vortrag über das Verfassungswesen „Was nun? “ vor demselben Gremium bekräftigt[91]. Seine Thesen haben nachhaltig weitergewirkt[92]. Kampffmeyer lobte 1898 in seinen Streiflichtern zum Erfurter Programm der deutschen Sozialdemokratie die unnachahmliche Kürze in Lassalles Ausdruck und hielt unter Berufung auf Lassalle die gesamte Verfassungsgeschichte im Grunde für eine Geschichte der ökonomischen und sozialen Machtverhältnisse[93].

---

85 Lassalle, Reden und Schriften, S. 62.

86 Lassalle, Reden und Schriften, S. 65.

87 Lassalle, Reden und Schriften, S. 65/66/70/75/77.

88 Lassalle, Reden und Schriften, S. 76/78/83.

89 Lassalle, Reden und Schriften, S. 70/80/84.

90 Lassalle, Reden und Schriften, S. 86.

91 Lassalle, Reden und Schriften, S. 87 ff.

92 So auch Miller, Freiheit, S. 38.

93 Kampffmeyer, Macht, S. 12.

Es finden sich also bei Lassalle weitgehende Übereinstimmungen mit Menger in der Bewertung des Einflusses machtpolitischer Realitäten auf das Rechtssystem. Lassalle hatte aber seine Vorstellungen ursprünglich nicht für den Druck geplant, sondern nur für einen Vortrag entwickelt; erst auf mehrfaches Drängen hin erschien dieser Vortrag dann auch gedruckt[94]. Im Hinblick darauf mußten Lassalles Auffassungen notwendig skizzenhaft und kursorisch bleiben; wohl nicht zuletzt deshalb fehlen jegliche Belegstellen. Demgegenüber hat Menger gründliche und umfassende Ausführungen entwickelt, in dem auch Lassalles Gedanken nicht unerwähnt geblieben sind[95].

Friedrich Engels wird von Menger zu Unrecht unter denjenigen genannt, die seine Auffassung über Entstehung und Funktion von Recht teilen[96]. Engels hat zwar in dieser Frage nie ausdrücklich gegen Menger Stellung bezogen und dies in einem Brief an Kautsky mit Zeitmangel begründet: „Hätte ich Zeit, ich würde dieser nur in zurückgebliebenen Ländern wie Deutschland und Österreich möglichen Rederei bald ein Ende machen“[97]. Aber schon in dem von Menger zur Stützung der eigenen Auffassung erwähnten „Anti-Dühring“ wird Engels Abneigung dagegen deutlich, alle ökonomischen Erscheinungen als Folge politischer Verhältnisse und damit aus Gewalt zu erklären[98]. Für die marxistische Theorie, die Engels im „Anti-Dühring“, dem nachgerade „populären Lehrbuch des dialektischen Materialismus“[99] zusammenfaßte, ist die unmittelbare politische Gewalt nicht die entscheidende Ursache der Wirtschaftslage, sondern vielmehr ihrerseits von dieser vollständig abhängig[100].

Die Gewalt erfordert höchst reale Vorbedingungen, namentlich Werkzeuge; sie ist kein bloßer Willensakt. „Der Sieg der Gewalt beruht auf der Produktion von Waffen, und diese wieder auf Produktion überhaupt, also – auf der ‚ökonomischen Macht‘, auf der ‚Wirtschaftslage‘, auf den der Gewalt zur Verfügung stehenden materiellen Mitteln“[101]. Zur Verdeutlichung nennt Engels ein Beispiel: Die Einführung des Schießpulvers war keineswegs eine Gewalttat gewesen, sondern ein industrieller, also wirtschaftlicher Fortschritt. Die Städtebürger des 14. Jahrhunderts, die über die Industrie zur Erzeugung von Pulver und Feuerwaffen verfügten, hatten also die Möglichkeit – wenn auch in einem langen Prozeß –, die politischen Herrschafts- und Knechtschaftsverhältnisse umzuwäl-

94 Vgl. Lassalle, Reden und Schriften, Vorbemerkung S. 61.

95 zum Beispiel Menger, Staatslehre, S. 46/117.

96 So aber Menger, Staatslehre, S. 44.

97 MEW 38/287.

98 MEW 20/148.

99 So Hofmann, Ideengeschichte, S. 95; in diesem Sinn auch Abendroth, Sozialdemokratie, S. 23/24; Miller, Freiheit, S. 151/152.

100 MEW 20/169.

101 MEW 20/154.

zen. Vorbedingung für die Anwendung von Gewalt war jedoch eine Wirtschaftslage, die die nötigen Mittel zur Ausrüstung und zur Instandhaltung der Waffen lieferte[101a].

Die Produktivität der menschlichen Arbeit und die hieraus resultierenden ökonomischen Verhältnisse sind für Engels also der entscheidende geschichtsbewegende Faktor; Menger hat die marxistische Position falsch verstanden, wenn er sie als Beleg für die eigene Machttheorie nennt.

4. Eigentumsentstehung

Nichtsdestoweniger steht Menger durchweg auf dem Standpunkt, daß die Staats- und Rechtsordnung von wenigen nur durch Krieg und Kampf den übrigen Menschen aufgenötigt worden ist[102].

Menger expliziert seine Theorie über die Rechtsentstehung noch einmal besonders an der Entwicklung der Eigentumsordnung: Der unbewohnten Erde bemächtigten sich die Einzelnen und die Völker zunächst nach Maßgabe ihrer physischen, wirtschaftlichen und politischen Kraft durch einfache Besitzergreifung. Aber nach siegreichen Kämpfen drangen überall kriegerische Völker in diese Landgebiete ein und versetzten die früheren Besitzer in die Sklaverei. Hierdurch wurden die Völker in Herren und Sklaven geschieden und trotz erheblicher Milderung in späteren Zeiten „blieb doch die wirtschaftliche Stellung jedes Einzelnen von jenen ursprünglichen Gewalttätigkeiten mittelbar oder unmittelbar abhängig"[103]. Menger betont, daß die Eigentumsordnung der europäischen Kulturstaaten auf gewalttätiger Besitznahme beruht, und er erinnert in diesem Zusammenhang an die Eroberung Englands durch die Normannen, an die Säkularisation des Kirchenguts durch die Reformation, an die Besitzentsetzungen in Böhmen nach der Schlacht am Weißen Berg und an die Konfiskation der Kirchen- und Emigrantengüter infolge der französischen Revolution; überall hält Menger den Zusammenhang zwischen Gewalt und Eigentumsordnung für unmittelbar nachgewiesen[104]. Die Eigentumsordnung ist also nicht aus dem Willen und den Interessen der Volksmassen entsprungen, sondern thront über ihnen als eine fremde, in fernen Zeiten durch List und Gewalt begründete Ordnung[105].

Wenn auch einige Rezensenten wie Menger der Macht bei der Rechtsentstehung eine zentrale Rolle zuerkennen, so haben sie sich doch nicht dessen Ableitung der

---

101a MEW 20/155.

102 So auch noch Menger, Volkspolitik, S. 2.

103 Menger, Volkspolitik, S. 58.

104 Menger, Staatslehre, S. 80/81; ähnliche auch Volkspolitik, S. 86.

105 Menger, Volkspolitik, S. 18/19.

heutigen Eigentumsordnung angeschlossen. Karl Diehl betont, daß zwar das ursprüngliche Gemeineigentum an Grund und Boden auf dem Schwert beruhte; je friedlicher aber später die Verhältnisse wurden, desto stärker habe sich das Privateigentum herausgebildet[106]. Wie Menger steht auch Carneri auf dem Standpunkt, daß die Natur den Menschen mit keinerlei Recht, sondern nur mit Macht ausgestattet hat; doch begrüßt er die bestehende Eigentumsordnung als Frucht der Zivilisation, auf Grund derer heute zwischen Raub und Erwerb unterschieden werden könne[107].

Auch Engels hat im „Anti-Dühring" klargestellt, daß er das Privateigentum nicht für das Ergebnis von Raub und Gewalt hält und er einen Begriff wie ‚Gewalteigentum' nur als Phrase ansieht, die den Mangel an historischem Verständnis verdecken soll. Das Privateigentum hat sich ihm zufolge auf Grund veränderter Produktions- und Austauschverhältnisse, also aus rein ökonomischen Ursachen herausgebildet: „wenn wir die Möglichkeit allen Raubs, aller Gewalttat und aller Prellerei ausschließen, wenn wir annehmen, daß alles Privateigentum ursprünglich auf eigener Arbeit des Besitzers beruhe und daß im ganzen fernern Verlauf nur gleiche Werte gegen gleiche Werte ausgetauscht werden, so kommen wir dennoch bei der Fortentwicklung der Produktion und des Austausches mit Notwendigkeit auf die gegenwärtige kapitalistische Produktionsweise, auf die Monopolisierung der Produktions- und Lebensmittel in den Händen der einen, wenig zahlreichen Klasse, auf die Herabdrückung der andern, die ungeheure Mehrzahl bildenden Klasse zu besitzlosen Proletariern, . . ."[108].

IV. Analyse bestehender Zustände

1. Verhältnis von Recht und Macht heute

Bei der Untersuchung des Verhältnisses von Recht und tatsächlicher Macht unter den bestehenden Umständen springt es Menger in die Augen, daß sich bei den ärmeren Volksklassen Besitz und Macht am vollständigsten decken. Ungünstiger stehe es schon beim landwirtschaftlichen und industriellen Großbesitz, weil hier die tatsächliche Macht des Eigentümers durch freie Mittelspersonen ausgeübt werde und sich deren Interessen mit jenen des Eigentümers keineswegs decken müssen. Am schlechtesten seien schließlich alle diejenigen gestellt, die ihr arbeitsloses Einkommen auf Grund von Forderungen, insbesondere Aktien oder

106 Diehl, Staatslehre, S. 227.

107 Carneri, Liberalismus, S. 8.

108 MEW 20/151, 152.

Schuldverschreibungen, beziehen. Denn hier fehle es überhaupt an einer faktischen Macht des Berechtigten, und die Gesetzgebung könne solche Rechte jeden Augenblick dadurch vernichten, daß sie ihnen einfach die Anerkennung entziehe. Menger sieht in dieser fortwährend steigenden Verschiebung von Recht und Macht das wichtigste Moment, das die bestehende Privatrechtsordnung dem Sozialismus entgegentreibt[109]. Indem Menger hier faktische Macht mit tatsächlicher, handgreiflicher Innehabung der Verfügungsgewalt gleichsetzt, erliegt er einem Zirkelschluß. Wenn nach seiner Theorie das Recht wirklich aus der Macht folgt, dann bedarf es nicht unbedingt und in jedem Fall der Anerkennung durch den Gesetzgeber; der Gesetzgeber kann das Recht nicht mit einem Federstrich ändern, wenn die tatsächlichen Machtverhältnisse dem entgegenstehen. Sind jedoch die tatsächlichen Machtverhältnisse so, daß sie dem Inhaber eines Stücks Papier die Verfügungsgewalt über das darin verbriefte Recht verschaffen, dann ist eine Verschiebung von Recht und Macht auf Grund der weiten Verbreitung von Aktien oder Schuldverschreibungen nicht nachweisbar.

2. Gesetzgebung

Die Gesetzgebung ist für Menger nichts „als ein Spielball der sozialen Machtfaktoren", durch die der Inhalt der Gesetze in engem Rahmen vorgeschrieben wird; in friedlichen Zeiten bezieht sich die Gesetzgebung fast ausschließlich auf die dekorativen Elemente der Rechtsordnung. Sie begnügt sich damit, die überlieferte Rechtsordnung mit leichten Abänderungen zu sanktionieren[110]. In den modernen Staaten konstatiert Menger das Bestreben, alle anerkannten Machtbeziehungen in schriftlich abgefaßten Gesetzeswerken aufzustapeln; er behauptet, es gebe sogar Machtverhältnisse, die auf einer solchen papierenen Grundlage erst entstanden seien. Menger spricht in diesem Zusammenhang auch von einer Einbalsamierung der Machtverhältnisse, die als Mumien in Gesetzessammlungen hinterlegt sind[111].

3. Eigentumsordnung

Den aus dem römischen Recht übernommenen schrankenlosen Eigentumsbegriff sieht Menger einer immer gründlicheren Revision unterzogen. Die freie Verfügungsmöglichkeit des Eigentümers ist durch die fortschreitende Entwicklung der staatlichen Verwaltung eingeschränkt; Wohlfahrtspolizei, Steuer- und Finanzgesetze bewirken, daß nur noch ein Schattenbild des früheren Eigentums

109 Menger, Arbeitsertrag, S. 121/122; ähnlich auch Staatslehre, S. 244.

110 Menger, Arbeitsertrag, S. 2; BGB, S. 6; Staatslehre, 32/33.

111 Menger, Staatslehre, S. 164.

besteht[112]. Der Staat ist zu einem unbequemen Genossen des Eigentümers geworden, der diesen nicht mehr allein schalten und walten läßt; Aushöhlung und Entleerung des Eigentums greifen um sich[113]. Menger zeichnet das Schreckensbild, „daß der Eigentümer gerade bei den wichtigsten Sachen kaum mehr als die bescheidene Stellung eines Verwalters einnimmt, der bei der Ausübung seines Rechts auf Schritt und Tritt an die Zustimmung der staatlichen Gewalthaber gebunden ist und selbst den Ertrag der Sache zu einem beträchtlichen Teil an den Staat (und den Hypothekargläubiger) abliefern muß“[114]. Menger sieht große Gefahr darin, daß das Eigentum von seinen wirtschaftlichen Grundlagen vollständig losgerissen und als bloße Machtfrage hingestellt wird[115]. Gerade diese Lageeinschätzung Mengers hat Zustimmung gefunden[116]. Auch Eugen Ehrlich spricht von einer „Zersetzung der Eigentumsordnung“ und von einer „Erweiterung der Machtkreise des Staates dem Eigentümer gegenüber“[117]. Heine hat jedoch davor gewarnt, in diesen Tendenzen etwa schon den Anfang einer sozialistischen Gesellschaftsordnung zu sehen[118], und auch Menger ist der Ansicht, daß die Eigentümer noch immer die entscheidende Macht bilden; die Eigentumsordnung dient auch auf die Gefahr einer fortschreitenden Verelendung der Massen hin vorherrschend der Bedürfnisbefriedigung der Herrschenden und Besitzenden[119]. Die Eigentumsordnung beruht auf Machtverhältnissen, und sie ist die Quelle dauernder sozialer Macht[120]. Menger sieht im Eigentum eine Ursache für die Bildungsunterschiede zwischen Arm und Reich[121], und er hält das für die Grundlage der wichtigsten privatrechtlichen Unterwerfungsverhältnisse[122].

4. Erbrecht

Dem Erbrecht widmet Menger keine so eingehende Darstellung und Kritik. Er hält es zwar für ebenso wichtig wie das Eigentumsrecht, weil dieses dem

112 Menger, BGB, S. 130/131; Staatslehre, S. 78.

113 Menger, BGB, S. 129/132.

114 Menger, Staatslehre, S. 79.

115 Menger, BGB, S. 120.

116 So auch Laskine, Juristischer Sozialismus, S. 64; Kraus, Das Bürgerliche Recht, Nr. 35.

117 Ehrlich, Soziale Frage, S. 480/541.

118 Heine, Utopien, S. 653.

119 Menger, Arbeitsertrag, S. 93; Staatslehre, S. 100.

120 Menger, Arbeitsertrag, S. 2; BGB, S. 115; Staatslehre, S. 100; Volkspolitik, S. 84; so auch Mengers Theorie über die Eigentumsentstehung oben S. 59.

121 Menger, BGB, S. 19.

122 Menger, Staatslehre, S. 86/93.

gegenwärtigen, jenes dem zukünftigen Gesellschaftsaufbau dient und durch das Erbrecht auch die soziale Struktur der zukünftigen Gesellschaft vorherbestimmt wird. Aber das Erbrecht ist lediglich eine Folgeerscheinung des Privateigentums; es ist nichts anderes als die Ausdehnung des Privateigentums über den Tod hinaus und kann nicht vom Eigentum getrennt betrachtet werden[123]. Mengers Einwände dem Privateigentum gegenüber sind also auch auf das Erbrecht auszudehnen.

5. Vertragsfreiheit

Für einen der schlimmsten Feinde eines wirklich demokratischen Staatslebens hält Menger das geltende Vertragsrecht; neben dem Privateigentum an Produktionsmitteln ist für ihn das Recht der Schuldverhältnisse die Ursache des arbeitslosen Einkommens und der wirtschaftlichen Herrschaft über die Masse der Mitbürger[124]. Die Vertragsfreiheit sieht Menger nur als ein Mittel an, die Bildungs- und Besitzlosen noch weiter zu benachteiligen; auch gilt das Prinzip der individuellen Freiheit nur so lange, als es den Massen nachteilig ist[125]. Menger ist der Ansicht, daß sehr häufig das wohltönende Wort Freiheit auf Einrichtungen angewendet wird, die nur den Zweck haben, einzelnen sozial einflußreichen Kreisen die politische und ökonomische Ausbeutung ihrer Mitbürger zu erleichtern; zu diesen Einrichtungen zählt Menger auch die Vertragsfreiheit[126]. Auch die französische Revolution hat durch das System einer nur scheinbaren Vertragsfreiheit die wirtschaftliche Unterwerfung der Armen unter die Reichen nicht beseitigt, sondern nur persönliche Abhängigkeitsverhältnisse abgelöst[127].

6. Recht und Sittlichkeit

Menger unterscheidet Gebote des Rechts und der Sittlichkeit im wesentlichen dadurch, daß nur Rechtsgebote durch äußeren Zwang durchgesetzt werden können[128]. Aber ebenso wie beim Recht erscheint ihm eine Begründung und Erklärung der Sittlichkeit ohne Berücksichtigung der zugrunde liegenden Machtverhältnisse nicht möglich.

---

123 Menger, Staatslehre, S. 121/122; BGB, S. 229.

124 Menger, Staatslehre, S. 108/93.

125 Menger, Staatslehre, S. 46.

126 Menger, Staatslehre, S. 60.

127 Menger, Staatslehre, S. 3.

128 Menger, Staatslehre, S. 55.

Sittlichkeit besteht für Menger in der Anpassung an die bestehenden Machtverhältnisse[129]; sie ist „ihrem Wesen nach bloß Machtwirkung“[130]; wer sittlich handeln will, muß die bestehenden Machtverhältnisse beobachten[131]. Im Gewissen erblickt Menger nichts anderes als einen Widerschein der sozialen Machtverhältnisse[132], und er steht durchweg auf dem Standpunkt, „daß das Gemeinschaftsleben der Menschen nicht durch die Gebote der überlieferten Sittlichkeit, sondern durch die Rücksicht auf die bestehenden Machtverhältnisse gelenkt wird“[133]. Auch das geschichtliche Leben der Menschen im weitesten Sinn des Wortes wird „durch die geltenden Machtverhältnisse, nicht durch eine über den Menschen thronende sittliche Ordnung bestimmt“[134]. Verbesserungen erwartet sich Menger nur von einer Umgestaltung dieser Machtverhältnisse[135].

Mengers Unterscheidung des Rechts von der Sittlichkeit erinnert an Max Weber, der unter Recht „direkt durch Rechtszwang garantierte Normen“[136] versteht. Nach Weber bietet das Recht „die durch den einverständnismäßig geltenden Sinn einer Norm faktisch garantierte Chance, für bestimmte (ideelle oder materielle) Interessen die Hilfe eines dafür bereitstehenden ‚Zwangsapparates‘ zu erlangen“[137]. Wie Menger möchte auch Weber den Unterschied von Recht und Sittlichkeit nicht daran festmachen, „daß die Rechtsnorm ‚äußeres‘ Verhalten und nur dies, die sittliche Norm dagegen ‚nur‘ die Gesinnung reguliere“[138].

Eine Vertiefung des Vergleichs von Max Weber mit Menger führt jedoch nicht weiter. Weber hat einen wesentlich differenzierteren Ansatz als Menger; neben Recht und Sittlichkeit verwendet er beispielsweise in diesem Zusammenhang auch noch Begriffe wie Sitte und Konvention[139]. Daneben ist auch sein Arbeitsziel, Recht und Wirtschaft soziologisch zu durchleuchten, von dem Mengers völlig verschieden, der ein sozialistisches Moralsystem grundrißartig entwerfen möchte[140] und dessen soziologischer Ansatz sich auf eine Propagierung der legislativ-politischen Rechtswissenschaft beschränkt[141].

---

129 Menger, Sittenlehre, S. 3/12.
130 Menger, Sittenlehre, S. 46.
131 Menger, Sittenlehre, S. 14/61.
132 Menger, Sittenlehre, S. 14; ebenso S. 58/59.
133 Menger, Sittenlehre, S. 29; ähnlich S. 23/48/57.
134 Menger, Sittenlehre, S. 30.
135 Menger, Sittenlehre, S. 65.
136 Weber, Rechtssoziologie, S. 72.
137 Weber, Rechtssoziologie, S. 74.
138 Weber, Rechtssoziologie, S. 87.
139 Weber, Rechtssoziologie, § 2 Rechtsordnung, Konvention und Sitte, S. 80 ff.
140 Menger, Sittenlehre, Vorrede S. IV.
141 Vgl. oben S. 49.

Mengers Grundgedanke, die ganze Sittlichkeit als Ausfluß der Macht hinzustellen, ist beinahe allgemein auf Kritik gestoßen und sogar als „unerträglich" angesehen worden[142]. Daß auch Machtverhältnisse die Sittlichkeit beeinflussen können, wird dabei nicht bestritten; aber wenn es keine andere Quelle der Sittlichkeit als die Macht gibt, „dann ist auch die Sittlichkeit des volkstümlichen Arbeitsstaates nur auf Macht gegründet", und Menger hat der Verurteilung der herrschenden Sittlichkeit nichts entgegenzusetzen[143]. Dazu kommt, daß Menger die verschiedenen Macht- und Gewaltverhältnisse nicht genügend differenziert, „so daß die ‚Gewalt' bei ihm zu formalistisch von außen herwirkt. Die Macht, welche vor allem die ökonomischen Verhältnisse auf das Bewußtsein selber üben, kommt dabei zu kurz"[144].

Kautsky, der davor warnt, „die Auffassung des historischen Materialismus von der Erzeugung der Sittlichkeit durch die materiellen Bedingungen des gesellschaftlichen Lebens gleichzusetzen der Mengerschen Auffassung ihrer Erzeugung durch den materiellen Zwang"[145], sieht jegliche soziale Entwicklung gefährdet, wenn Menger mit seiner Erklärung der Sittlichkeit recht hätte. Denn die soziale Entwicklung „entspringt der Auflehnung der aufsteigenden Klassen gegen die im Besitz der politischen Macht befindlichen. Politischer und sozialer Kampf ist aber unmöglich ohne sittliche Empörung gegen den Gegner"[146]. Für eine solche sittliche Empörung ist nach der Mengerschen Sittlichkeitsvorstellung kein Platz, weil in ihr derjenige als sittlich erscheint, der sich den sozialen Machtverhältnissen anpaßt.

V. Rechtsordnung der zukünftigen Gesellschaft

1. Deckung des Rechts mit den wirtschaftlichen Erfordernissen

Mengers Meinung nach ist ein „Rechtssystem, welches den Nutzen der großen Volksmassen und nicht den der wenigen Mächtigen anstrebt, in Theorie und Praxis erst noch zu schaffen"[147]. Bis jetzt waren die Versuche, das Eigentum etwa entsprechend der geleisteten Arbeit zu verteilen, noch nicht erfolgreich; das

---

142 Ehrlich, Anton Menger, S. 309; Grünberg, Leben und Lebenswerk, S. 61/62; Netter, Zukunftsstaat, S. 298; Zweig, Sittenlehre, S. 366 ff.

143 Ehrlich, Anton Menger, S. 310.

144 Staudinger, Sittenlehre, S. 608.

145 Kautsky, Sittenlehre, S. 81.

146 Kautsky, Sittenlehre, S. 80.

147 Menger, Staatslehre, S. 3.

Eigentum ist noch immer ein Inbegriff von Machtverhältnissen[148]. Aber „an die Stelle unserer auf Machtverhältnissen beruhenden Güterverteilung soll eben ein von wirtschaftlichen Zwecken beherrschtes Vermögensrecht treten“[149]. Menger möchte jedoch die alten Formen nicht diskreditieren, solange noch keine neuen gefunden sind; deshalb geht es ihm auch nicht um eine völlige Beseitigung des Eigentums, „sondern bloß um eine Umgestaltung, die freilich noch tiefer eingreifen wird, als diejenige, welche die letzten drei Jahrhunderte an diesem Rechtsinstitut vorgenommen haben“[150].

2. Eigentumsordnung

Zur Verdeutlichung seiner Vorstellung über die künftige Eigentumsordnung unterscheidet Menger zwischen verbrauchbaren und benützbaren Sachen und Produktionsmitteln.

Verbrauchbare Sachen sind diejenigen, die nicht ohne völlige Zerstörung oder doch merkliche Minderung ihrer Substanz bestimmungsgemäß benutzt werden können; die Bestimmung kann sich aus der Natur der Sache oder aus der Anordnung von staatlichen Organen ergeben. Für diese verbrauchbaren Sachen möchte Menger das Privateigentum in seinen wesentlichen Bestimmungen aufrechterhalten. Insbesondere soll ein Gebrauchsrecht gewährt sein, während die Verfügungsgewalt beschränkt ist; der Eigentumserwerb soll sich durch staatliche Zuweisung vollziehen[151].

Zu den benützbaren Sachen zählt Menger diejenigen Güter, die ohne Zerstörung oder Verminderung ihrer Substanz dem Einzelnen einen unmittelbaren Nutzen bringen und deshalb auch von mehreren gleichzeitig oder nacheinander gebraucht werden können. Die benützbaren Sachen zerfallen in zwei Gruppen: Zum einen gibt es die dem gemeinen Gebrauch gewidmeten Sachen wie Straßen, Plätze usw.; diese können von einer unbestimmten Personenzahl gleichzeitig benützt werden, und ihre Benützung ist durch allgemein gültige Vorschriften geregelt. Daneben existieren diejenigen benützbaren Sachen, die ihrer Natur nach ausschließlich von einzelnen Personen oder Familien gebraucht werden können wie Wohnungen, Möbel usf. Menger will, daß das Benützungsrecht hierüber vom Staat oder den staatlichen Verbänden besonders verliehen wird und sich nur auf den unmittelbaren Gebrauch, nicht auch auf die Weiterverwertung bezieht; dann nämlich wären die benützbaren Sachen als Produktionsmittel anzusehen[152].

---

148 Menger, BGB, S. 115; ähnlich Staatslehre, S. 85; vgl. auch Mengers Theorie über die Eigentumsentstehung oben S. 59.

149 Menger, Arbeitsertrag, S. 4.

150 Menger, Staatslehre, S. 79.

151 Menger, Staatslehre, S. 87/88.

152 Menger, Staatslehre, S. 90/91.

Unter Produktionsmitteln versteht Menger Sachen, die nach ihrer ordnungsgemäßen Bestimmung mit oder ohne menschliches Zutun neue Sachen hervorbringen. Insbesondere zählt er hierzu Grundstücke, industrielle Betriebsstätten, Verkehrsmittel und Rohstoffe. Da den Produktionsmitteln entscheidende Bedeutung für die wirtschaftliche und staatliche Ordnung zukommt, sollen an ihnen keinerlei Sonderrechte gewährt werden können: „Das Eigentum an sämtlichen Produktionsmitteln gebührt ausschließlich dem Staat und den staatlichen Verbänden“[153]. Menger will dem Einzelnen an den Produktionsmitteln nicht einmal ein Benützungsrecht zugestehen. Die Benützung der Produktionsmittel wäre ein „rein tatsächliches Verhältnis“; „die Produktionsmittel würden folglich im Verhältnis zu den einzelnen Personen außerhalb des Verkehrs stehen“[154].

Kantorowicz hält diese Einteilung der Sachgüter durch Menger für „so logisch, als ob man die Menschen einteilen wollte in männliche, weibliche oder großjährige“. Insbesondere die Gegenüberstellung von Produktionsmitteln und benützbaren Gütern kommt ihm als „begriffliche Unmöglichkeit“ vor, weil viele Dinge, wie zum Beispiel Maschinen, beides darstellen[155]. Auch Kleinwächter befürchtet Schwierigkeiten bei der Frage, ob ein ‚benützbares‘ Gut einem Einzelnen zur ausschließlichen Benützung überwiesen, oder ob es öffentlicher Benutzung vorbehalten bleiben soll[156]. In den „Sozialistischen Monatsheften“ wird darauf hingewiesen, daß gerade der Arbeiter den Mengerschen Vorschlägen zur Neuordnung der Eigentumsverhältnisse nicht freundlich gegenüberstehen dürfte: „Der Arbeiter will in der neuen Gesellschaft eine bessere Einrichtung haben als bisher, aber keineswegs etwa jedes Eigentum aufgeben und würde sich bedanken, in seine Stube oder Küche staatliche Kontrollbeamte ihre Spürnase stecken zu sehen, die jeden Teller nachzählten und die Behandlung des staatlichen Mobiliars kontrollierten“[157].

3. Erbrecht

Ein Erbrecht möchte Menger überhaupt nur an verbrauchbaren Sachen einräumen[158].

Obwohl mit Mengers Vorschlägen zur Veränderung der Eigentumsordnung aus juristischen und ökonomischen Gründen nicht einverstanden, stimmt Th. Ferneuil der Forderung nach Einschränkung des Erbrechts zu; er möchte jedoch

153 Menger, Staatslehre, S. 93.
154 Menger, Staatslehre, S. 94.
155 Kantorowicz, Staatslehre, S. 351.
156 Kleinwächter, Staatslehre, S. 292.
157 Heine, Utopien, S. 655.
158 Menger, Staatslehre, S. 122.

insbesondere ein Erbrecht für die Seitenlinien beseitigen. „Cette suppression du droit d'hérédité en ligne collatérale aurait pour effet de diminuer le nombre des revenus sans travail et de rehausser le prestige de la fonction du travail dans les sociétés actuelles“[159].

4. Obligationenrecht

Menger tritt für eine gründliche Umgestaltung des Vertragsrechts ein.

Schuldverträge sollen nur zwischen dem Staat und den einzelnen Bürgern, nicht zwischen diesen abgeschlossen werden. Dies hat vor allem auf die Verfügungsbefugnis über die verbrauchbaren Sachen Auswirkungen: Die verbrauchbaren Sachen sollen nur in der Weise geschenkt oder getauscht werden können, daß hieraus für den Empfänger keinerlei Verbindlichkeiten erwachsen[160].

Menger hat Anerkennung dafür erfahren, daß er solche Verträge unterbinden will, durch die sich jemand dauernd der Herrschaft eines anderen unterordnet[161].

Menger diskutiert Kauf-, Tausch-, Kredit- und Gesellschaftsverträge; er ist jedoch der Meinung, daß der Hauptmangel des Obligationenrechts, nämlich die nur scheinbare Vertragsfreiheit, beim Lohnvertrag besonders deutlich wird. Seiner Ansicht nach ist es unerläßlich, „die private Organisation der gesellschaftlichen Arbeit zu beseitigen und sie durch eine öffentliche zu ersetzen“[162]. Die wirtschaftliche Tätigkeit soll vorherrschend in Gemeinschaft ausgeübt werden und die Interessen der Schwachen sollten der Hauptgegenstand staatlicher Tätigkeit sein. Menger fordert eine „Demokratisierung des wirtschaftlichen Lebens“[163]; das ganze Volk soll „zugleich Arbeitnehmer und Arbeitgeber“ sein[164]. Menger erkennt durchaus, daß durch den bestehenden Arbeitsschutz die schlimmsten Härten des scheinbar freien Lohnvertrages gemildert werden sollen; er hält jedoch solche mehr polizeilichen Einschränkungen für nicht geeignet, dem Lohnvertrag seinen rein privatrechtlichen Charakter zu nehmen. Letztes Ziel muß es bleiben, den Arbeiter in eine dauernde rechtliche Beziehung zu den von ihm benutzten Produktionsmitteln zu bringen[165]. Darüber hinaus glaubt er, daß der Arbeitsschutz nur deshalb zustande kam, weil die Herrschenden die revolutionären Strömungen in der Arbeiterschaft auffangen wollten[166].

159 Ferneuil, L'Etat socialiste, S. 537.

160 Menger, Staatslehre, S. 88; auch S. 109/112/249.

161 Kleinwächter, Staatslehre, S. 292; Lill, Arbeitsvertrag, S. 421.

162 Menger, Staatslehre, S. 111; ähnlich S. 114.

163 Menger, Sittenlehre, S. 76.

164 Menger, Sittenlehre, S. 80.

165 Menger, Staatslehre, S. 115.

166 Menger, Staatslehre, S. 167.

5. Umwandlung von Privatrecht in öffentliches Recht

Mengers Hauptbestreben ist also entsprechend seiner sozialistischen Zielsetzung darauf gerichtet, Eigentum, Erbrecht und Vertragsfreiheit im Interesse der großen Volksmassen umzugestalten. Er strebt ein Rechtssystem an, bei dem sich die Sachen mit gewissen Ausnahmen im Eigentum des Staates oder staatlicher Verbände befinden, in dem der Einzelne nur dem Staat gegenüber zu Leistungen verpflichtet ist, und wo ein Übergang von Vermögensrechten beim Tode eines Berechtigten nur in ganz beschränktem Umfang stattfindet[167].

Es ist für Menger also „das wichtigste Ziel des Sozialismus", die Institute des Privatrechts in öffentliches Recht zu verwandeln[168]. Zur Unterscheidung von privatem und öffentlichem Recht verwendet Menger die aus dem römischen Recht von Ulpian stammende Einteilung, wonach die Rechtsinstitute des Privatrechts den individuellen Lebenszwecken dienen, während das öffentliche Recht auf die Förderung des Allgemeinwohls gerichtet ist[169].

Mengers Bevorzugung des öffentlichen Rechts erklärt sich dadurch, daß er es im Gegensatz zum „naturwüchsig" entstandenen privaten Recht für ein überwiegend „reflektiertes" Recht hält. Menger kommt zu dieser Annahme, „weil die Verfassungen der meisten Kulturstaaten sich nicht als Resultat der geschichtlichen Kämpfe im Laufe der Jahrhunderte herausgebildet haben, sondern infolge von Revolutionen, Staatsstreichen und anderen historischen Ereignissen, welche die Machtverhältnisse im Staate plötzlich änderten, auf Grund von staatsrechtlichen Theorien und nach fremden Mustern erlassen worden sind"[170]. Menger argumentiert in diesem Zusammenhang widersprüchlich: einerseits ist für ihn das Recht Resultat geschichtlicher Kämpfe, andererseits glaubt er, daß das öffentliche Recht seine Gültigkeit der Vorformulierung in staatsrechtlichen Theorien verdankt.

Der Staat hat nach Meinung Mengers gegenwärtig noch viel zu wenig Einfluß auf das Privatrecht; in der Zukunft müßte das Privatrecht ganz aus dem praktischen Rechtsleben verschwinden[171]. Er strebt also eine Ordnung an, „in welcher das allgemeine und das öffentliche Wohl in Wirklichkeit zusammenfallen"[172]. In dieser Forderung erblickt Maurice Hauriou einen Rückfall ins Feudalsystem: „La confusion de la vie publique et de la vie privée est un des postulats socialistes, on discute seulement sur la question de savoir si le régime issu de cette fusion sera à base publique ou à base privée. Anton Menger le veut à base publique. Mais il y a

167 So auch Menger, BGB, S. 4.

168 Menger, Staatslehre, S. 76; auch S. 137/146; Sittenlehre, S. 79.

169 Menger, Staatslehre, S. 75; Ulpian-Stelle aus L. § 2 Dig. de justitia et jure (I, 1).

170 Menger, Staatslehre, S. 33.

171 Menger, Staatslehre, S. 154; auch Sittenlehre, S. 38.

172 Menger, Staatslehre, S. 21.

ceci de menaçant que dans l'histoire on ne connaît pas de régime durable assis sur las confusion de la propriété et de la police autre que le regime féodal, de telle sorte que, directement ou indirectement, le postulat socialiste se ramène au postulat féodal"[173]. Dazu kommt, daß Maurice Hauriou den sozialistischen Staat, der die Trennung zwischen privatem und öffentlichem Recht aufgehoben hat, für nicht fähig hält, ein Ventil für die privaten Bedürfnisse zu schaffen[174]. Auch deswegen möchte Menger das private in Verwaltungsrecht verwandeln, weil er die Entscheidung öffentlicher Angelegenheiten nach freiem Ermessen in weitem Umfang wiederbeleben will[175]. Er nimmt dabei in Kauf, daß das neue Verwaltungsrecht zunächst nicht klarer als in seinen äußersten Umrissen feststeht. Auch das heute bestehende Staats- und Verwaltungsrecht erachtet er einer gründlichen Umbildung für notwendig, und er meint, daß dieses Gebiet naturgemäß ebenso zunächst der gesetzesfreien Staatstätigkeit anheimfallen wird.

Scharfe Worte hat Hugo Preuß gegen diese Konzeption Mengers gefunden: „Das ist in dürren Worten der Bruch mit dem ganzen Entwicklungsprinzip des modernen Staatsrechts, und zwar nicht im Sinn eines revolutionären Fortschritts, sondern eines reaktionären Rückschritts; nicht die Unvollkommenheiten des heutigen Rechtsstaates, sondern dieser selbst wird beseitigt; an die Stelle des doch wenigstens in den Grundlagen schon ausgebildeten Verwaltungsrechts tritt wieder das freie Ermessen des Polizeistaates"[176].

6. Gesetzgebung

Die Gesetzgebung muß nach Mengers Vorstellung auch in der zukünftigen Gesellschaft ein besonderes Augenmerk auf die Beachtung der bestehenden Machtverhältnisse richten, weil auch in der neuen Ordnung die Gesetze nichts anderes sein werden „als die erstarrten, in eine dauernde Form gebrachten Machtverhältnisse der Gesellschaft"[177]. Nur dann soll nach Mengers Meinung ein Gesetz auch erlassen werden, wenn die Interessenten an einer Kodifizierung deren Gegner auch ohne Dazwischenkunft des Staates oder der Gesetzgebung zur Zustimmung für die beabsichtigte Neuordnung der bestehenden Machtverhältnisse zwingen können. Wenn diese einfache Überlegung immer vorgenommen worden wäre, hätten nach Mengers Ansicht viele Gesetzesanläufe – wie z.B. Kulturkampf- oder Sozialistengesetze – vermieden werden können. Entspre-

173 Hauriou, Régime d'Etat, S. 574.

174 Hauriou, Régime d'Etat, S. 575.

175 Menger, Staatslehre, S. 177/178.

176 Preuß, Zukunftsstaatsrecht, S. 405.

177 Menger, Staatslehre, S. 178.

chend seiner konservativen Aufgabe muß der Gesetzesgeber vom bestehenden Rechtszustand ausgehen; aber er hat bei jedem wichtigen Rechtssatz zu prüfen, ob dieser noch den vorhandenen Machtverhältnissen in der Gesellschaft entspricht[178].

Bei der Prüfung dieser Frage weist Menger der von ihm propagierten legislativpolitischen Rechtswissenschaft die Aufgabe zu, das Auf- und Abwogen der Machtverhältnisse genau zu beobachten, damit die „Kongruenz zwischen Recht und Macht" erhalten bleibt[179].

Es erweist sich also auch in diesem Punkt, daß für Menger jede Rechtsordnung „der Inbegriff der in einem Land dauernd anerkannten Machtverhältnisse" ist und daß das Leben des Rechts und des Staates durch deren Veränderung allein bestimmt ist[180]. Auch für die Rechtsordnung der zukünftigen Gesellschaft kann nichts anderes gelten.

---

178 Menger, BGB, S. 15; Soziale Aufgabe S. 32.

179 Menger, Soziale Aufgabe, S. 22.

180 Vgl. oben S. 54 ff.; auch noch Staatslehre S. 164/227.

4. KAPITEL
MENGERS STAATSKONZEPTION

I. Der individualistische Machtstaat

Unter Staat versteht Menger einen „Inbegriff von Menschen, die auf demselben Landesgebiet unter der Herrschaft eines höchsten Machthabers zusammenleben"[1]. Die bestehende Staatsordnung bezeichnet Menger als individualistische, bei der der Staat herrschend, gebietend und als Machtstaat in Erscheinung tritt[2].

1. Entstehung

Entstanden ist dieser Staat nach Mengers Theorie ebenso wie das Recht durch Gewalt. Die antiken und die modernen Kulturstaaten beruhen auf militärischen Erfolgen; „an der Wiege unseres Staates und unserer Staatseinrichtungen stand eben nicht die Theorie, sondern der vom Schwert gelenkte geschichtliche Zufall"[3]. Die Entwicklung in England führt Menger auf die normannische Eroberung zurück; auch auf dem Kontinent sieht er die staatlichen Grenzen sowie die Machtbefugnisse der Herrschenden und die Verteilung des Bodens und der übrigen Güter durch Gewaltverhältnisse bestimmt. Menger führt also Souveränität und Legitimität letzten Endes immer auf ein Verhältnis physischer Überlegenheit zurück[4].

2. Zweck

Aus der Entstehung leitet Menger auch den Zweck heutiger staatlicher Tätigkeit ab: Diese ist in erster Linie darauf gerichtet, die Machtstellung des Herrschers zu behaupten und zu erweitern; daneben dient sie dem Besitzschutz und der Nutzbarmachung des Besitzes für die Begüterten. Menger gelangt zu der Feststellung, „daß der heutige individualistische Machtstaat in weit überwiegendem Maße auf die Förderung der individuellen Interessen der Herrschenden und Besitzenden gerichtet ist"[5].

---

1 Menger, Staatslehre, S. 157.

2 So Menger, Staatslehre, S. 17.

3 Menger, Staatslehre, S. 184; auch Staatslehre S. 32/76.

4 Menger, Volkspolitik, S. 27.

5 Menger, Staatslehre, S. 19/20.

Der ‚Machtstaat' ist somit für Menger ein Gebilde, dessen Zweck vornehmlich im Schutz der überlieferten Machtverhältnisse gegen innere und äußere Feinde liegt. Zu derartigen Machtstaaten rechnet Menger sämtliche bestehenden Staaten, wenn er auch zugibt, daß der militärische Charakter bei einigen nicht so stark herauskommt wie bei anderen Staaten. Dazu rechnet er England, die nordamerikanische Union und die Schweiz. Aber überall soll die Macht der Herrschenden behauptet und wenn möglich durch Eroberung vermehrt werden. Menger vertritt also ganz konsequent die Theorie, daß ebenso wie das Recht auch der Staat aus Machtverhältnissen entsprungen ist und in deren Aufrechterhaltung seine eigentliche Funktion besteht.

Maurice Hauriou ist Mengers Theorie über die historische Entstehung des Staates gefolgt, nicht jedoch darin, daß noch heute in der Aufrechterhaltung der Machtverhältnisse sein wirklicher Zweck liegt. „Que l'Etat individualiste se soit réalisé historiquement par la force, c'est ce qui n'est pas douteux, mais s'il a duré c'est qu'il a une autre raison d'être que la force, car celle-ci à elle seule ne fonde rien de durable. La persistance de l'Etat individualiste, son fonctionnement régulier pendant des siècles, sa résistance aux révolutions malgré la délicatesse de son mécanisme, tout cela prouve que l'Etat est accepté et voulu des populations parce que sans doute elles y trouvent un avantage. . . . , le but direct de l'Etat est de créer de la stabilité, de mettre ses membres à l'abri des risques de la vie sociale, de multiplier pour eux les garanties"[7].

3. Mittel der Machtstabilisierung

Menger hat solche Überlegungen wie Hauriou nicht angestellt. Vielmehr betrachtet er die gesamte vorhandene staatliche Organisation nur unter dem Gesichtspunkt der Machtstabilisierung.

Zur Machtstabilisierung nach außen dienen Heer, Flotte und Diplomatie. Menger konstatiert, daß die ungeheueren Aufwendungen hierfür häufig unter dem Vorwand einer Bedrohung durch äußere Feinde gerechtfertigt werden; er hält dies für eine künstliche Konstruktion, die nur verschleiern soll, daß die kriegerischen Ausgaben den Zwecken der Herrschenden dienen[8].

Der Machtstabilisierung im Inneren dienen Verwaltung, Zivil- und Strafrechtspflege; die Justiz hat die Rechtsordnung zwischen den Besitzenden selbst und gegenüber den Besitzlosen aufrechtzuerhalten[9]. Insbesondere auch die unbe-

---

6 Menger, Staatslehre, S. 44; auch Volkspolitik S. 23; Mengers positives Urteil über diese Staaten ist dadurch beeinflußt, daß er annimmt, in ihnen herrsche Volkssouveränität auf Grund von geglückten Staatsstreichen, so Menger, Staatslehre, S. 166.

7 Hauriou, Régime d'Etat, S. 565/566.

8 Menger, Staatslehre, S. 45; auch Staatslehre, S. 19/185.

9 Menger, Staatslehre, S. 19/45.

stimmten und dehnbaren Tatbestände von Hoch- und Landesverrat, Majestätsbeleidigung und Widerstand gegen die Staatsgewalt lassen Menger zufolge deutlich erkennen, daß es vor allen Dingen um die Sicherung von Machtstellungen einflußreicher Personen im Staat geht[10].

Menger kritisiert die herrschende Theorie über die Bestimmung der Grenzen zwischen Justiz und Verwaltung, die seiner Ansicht nach auf Julius Stahl zurückgeht. Danach hat sich die Justiz als einziges Ziel nur die Gerechtigkeit gesetzt, während die Gerechtigkeit in der Verwaltung bloß eine Schranke, nicht die Ursache einer Entscheidung bildet. Demgegenüber stellt Menger fest, daß die Verwaltung infolge der fortschreitenden Entwicklung dieses Rechtsgebietes immer mehr zur reinen Rechtsanwendung, also einer der Rechtspflege vollkommen gleichgelagerten Tätigkeit kommt; umgekehrt entscheiden die Gerichte oft genug aus bloßen Zweckmäßigkeitsrücksichten. Stahls Formel ist also nach Menger nicht nur im Hauptpunkt unrichtig, sondern verliert auch immer mehr von ihrem begrenzten Wahrheitsgehalt[11].

Menger sieht die lebendigen Machtverhältnisse namentlich in der Verwaltung hervortreten und die papierenen Grenzen der Gesetze überall durchbrechen. Er macht keinen grundsätzlichen Unterschied zwischen Gerichten und Verwaltungsbehörden, da „beide nach ihrem vorherrschenden Charakter die Aufgabe haben, die bestehenden Machtverhältnisse aufrechtzuerhalten“[12]. Wenn einzelne Vertreter des bürgerlichen Liberalismus wie Locke, Kant oder Humboldt den Rechtsschutz als den eigentlichen Zweck des Staates ansehen, so verkennen sie Mengers Ansicht nach die Aufgabe des bestehenden Staates. In diesem Zusammenhang verweist Menger auf den von Lassalle geprägten Begriff einer ‚Nachtwächteridee‘[13].

4. Parallelen zur soziologischen Staatsidee

Die Vertreter der soziologischen Staatsidee Gustav Ratzenhofer, Franz Oppenheimer und Ludwig Gumplovicz sind mit Menger in entscheidenden Fragen des Verhältnisses von Staat und Macht einer Meinung.

Der Staat ist für Ratzenhofer „ein soziales Verschmelzungsprodukt divergierender Bestrebungen primitiver Gemeinschaften. Dem kulturtreibenden seßhaften Stamm tritt der im Kampf überlegene, kulturell tieferstehende Nomadenstamm sieghaft entgegen; die Dienstbarmachung des ersteren ist der Zweck des letzteren

10 Menger, Staatslehre, S. 148.

11 Menger, Staatslehre, S. 184/185.

12 Menger, Staatslehre, S. 186; auch Staatslehre, S. 176.

13 Menger, Staatslehre, S. 45/46.

und aller politischer Kampf in diesem Staat ist sodann der Veränderung dieses Herrschaftsverhältnisses zugewendet"[14].

Für Oppenheimer ist der Staat „seiner Entstehung nach ganz und auf seinen ersten Daseinsstufen fast ganz eine gesellschaftliche Einrichtung, die von einer siegreichen Menschengruppe einer besiegten Menschengruppe aufgezwungen wurde mit dem einzigen Zweck, die Herrschaft der ersteren über die letzte zu regeln und gegen innere Aufstände und äußere Angriffe zu sichern"[15].

Ausführlicher erklärt Gumplovicz die Entstehung des Staates als ein durch kriegerische Übermacht herbeigeführtes historisches Ereignis; das Wesen des Staates liegt ihm zufolge in einer zwangsweise durchgeführten Arbeitsteilung verschiedener zu einem Ganzen zusammengefaßter sozialer Bestandteile; die staatliche Entwicklung vollzieht sich durch den Kampf der verschiedenen sozialen Gruppen. Dabei sind die jeweiligen Grenzen der erkämpften Machtsphären identisch mit dem im Staat gesetzten Recht[16]. „Die soziologische Staatsidee leitet daher das Recht weder aus dem Geist des Individuums, noch aus einem fiktiven Gesamtwillen ab, sondern aus dem Kampf der sozialen Bestandteile, die den Staat bilden, indem sie die in diesem Kampf zwischen dem einen Bestandteil und dem oder den anderen jeweilig festgestellten Schranken ihrer Machtausübung als das Recht dieses Staates auffaßt"[17].
Weder Menger noch die Vertreter der soziologischen Staatsidee haben ihre Theorie über die Entstehung von Staat und Recht aus dem Kampf sozialer Gruppen untereinander mit Argumenten von Darwin gestützt oder abgesichert; vielmehr findet Darwin nicht ein einziges Mal Erwähnung.

Zwei Haupteinwände, die sich auch auf Menger ausdehnen lassen, sind der soziologischen Staatsidee kritisch entgegengehalten worden. Zum einen wird der empirische Beweis dafür, daß kriegerische Unterwerfung allein den einzigen Entstehungsgrund für Staaten abgibt, für nicht erbracht erachtet. Daneben wird das methodische Vorgehen bemängelt, aus der Art der Entstehung auf das Wesen heutiger Staaten zu schließen[18].

Die Parallelen zwischen Mengers Vorstellungen und denen der soziologischen Staatsidee sind unverkennbar, nicht nur, was die Übereinstimmung über Entstehung und Funktion heutiger Staaten angeht, sondern auch, was die Abneigung dagegen betrifft, das Recht als Produkt des Geistes oder eines fiktiven Gesamtwillens zu betrachten. Trotzdem wurde gerade in diesen Fragen nicht aufeinander Bezug genommen. Oppenheimer hat Mengers „Neue Staatslehre"

14 Ratzenhofer, Soziologische Erkenntnis, S. 163.

15 Oppenheimer, Staat, S. 10; derselbe, Arbeitsstaat S. 187.

16 Gumplovicz, Staatsidee, S. 52; ebenso S. 66/126/127.

17 Gumplovicz, Staatsidee, S. 66.

18 Menzel, Beiträge, S. 546.

zwar recht wohlwollend rezensiert, es jedoch beklagt, „daß Menger, der genaueste Kenner der sozialistischen Literatur der Vergangenheit, von meinen Arbeiten nicht die geringste Spur erfahren hat. Er zitiert mich nicht einmal bei der Gelegenheit, wo er die Malthusische Bevölkerungstheorie billigend erwähnt“[19].

Gerade Gumplovicz jedoch hat sich von Menger ausdrücklich und entschieden abgesetzt. Er wirft Menger vor, daß dieser die Natur allen Rechts verkenne, wenn er die Rechtsordnung nur als eine Summe von dauernd anerkannten Machtverhältnissen betrachte. Nach Gumplowicz werden durch den Staat die ungleichen Bedingungen festgesetzt, unter denen allein ein Gemeinschaftsleben möglich sei; wenn nun Menger Forderungen nach Aufhebung privaten oder persönlichen Eigentums aufstelle oder die Lage der Arbeiter derjenigen der Arbeitgeber angleichen wolle, so hebe er den Staat auf, nämlich „die durch soziale Ungleichheit ermöglichte Sicherstellung der Existenz der Gesamtheit“[20]. Gumplowicz entdeckt bei Menger einen logischen Widerspruch: Ist der Staat nach dessen Anschauung eine Summe von dauernd anerkannten Machtverhältnissen, dann ist ihm auch Ungleichheit immanent, weil es Machtverhältnisse nur da geben könne, wo auch Ungleichheit herrsche. Die Gleichheitsforderungen Mengers bedeuteten nichts anderes, als daß dieser die Machtverhältnisse aufheben wolle, also auch deren Summe, also auch die Rechtsordnung, die der Staat repräsentiere. Menger dürfe nicht glauben, „daß es je einen Staat ohne Herrschaft geben werde und eine Herrschaft ohne Ungleichheit zwischen Herrschenden und Beherrschten. Diese Quadratur des Zirkels zu finden, wird auch Wiener Professoren nicht gelingen“[21].

5. Mengers Gesellschaftsanalyse

Um die Quadratur dieses Zirkels hat sich Menger nie bemüht. Vielmehr finden sich verschiedene Äußerungen, in denen er von einem „natürlichen Gegensatz“ zwischen Volk und Regierung spricht, der sich in Zukunft sogar noch verschärfen werde[22]. Um seine Vorstellung über die Machtverteilung zu dokumentieren, gebraucht Menger an anderer Stelle das Bild „einer Pyramide, in der jeder nach unten herrschend und nach oben beherrscht erscheint“[23].

Bei einer Analyse der Machtinteressen im einzelnen konstatiert Menger, daß die Staaten als solche überhaupt keinen Zweck haben, sondern nur die Machthaber,

19 Oppenheimer, Arbeitsstaat, S. 189.

20 Gumplovicz, Staatsidee, S. 131.

21 Gumplovicz, Staatsidee, S. 132.

22 Menger, Volkspolitik, S. 6/22/23; Staatslehre S. 65/66; auch S. 148.

23 Menger, Sittenlehre, S. 67.

und daß es von deren Willkür abhänge, welche Ziele für die Staatstätigkeit ins Auge gefaßt werden[24]. Adolfo Buylla nennt diese Feststellung Mengers „la idea madre“[25]; Charles Rist spricht von Mengers „leitmotiv. Les autres théories n'en sont que le développement“[26]. Daß in dem Zusammenhang mit Staatszweck häufig von Staatsnotwendigkeit, Volks- oder Staatswohl die Rede ist, hält Menger für eine unbestimmte und nichtssagende Redensart. Vielmehr wird das Staatswohl mit den Interessen der Mächtigen gleichgesetzt. Um hinter deren Interessen und damit die Staatszwecke im einzelnen zu kommen, untersucht Menger die herrschenden Interessengruppen genauer[27].

Zu den obersten Machthabern zählt Menger in der Monarchie den Fürsten samt Familie; in der Republik wechseln die Leitungen einander ab. Auf alle Fälle wird das Ansehen des regierten Staates mit dem des Herrschers identifiziert, und deswegen ist das ganze Streben vornehmlich auf Machtentfaltung und Glanz des Staates gerichtet.

Als nächste Interessengruppe führt Menger den Adel und den höheren Klerus an. Dieser Stand trachtet nach engen Beziehungen zu den Höfen, und er ist bereit, die auf Macht und Glanz gerichteten Interessen zu unterstützen. Dafür erwartet er auch eine hervorragende soziale Stellung. Klerus und Adel unterstützen die Herrschenden also nur zur Wahrung eigener Interessen.

Der mit dem Mittelstand ungefähr zusammenfallende Bürger- und Bauernstand bildet Menger zufolge die dritte Interessengruppe. Dieser Mittelstand kümmert sich vornehmlich um die wirtschaftliche Produktion und verfolgt als Hauptzweck den Vermögenserwerb. Daneben bestehen noch wissenschaftliche und künstlerische Interessen. Das wesentliche Bestreben geht somit auf materiellen und geistigen Besitz.

Als letzte und bei weitem zahlreichste Interessengruppe beschreibt Menger die besitzlosen Volksklassen, die im wesentlichen mit dem Arbeiterstand zusammenfallen. Deren Zwecke decken sich ihm zufolge mit den allgemeinen Interessen der Menschheit und gehen auf Sicherung der Existenzbedingungen.

Diese Absichten glaubt Menger den vier großen Interessengruppen „durch ihre geschichtliche Entwicklung mit Notwendigkeit vorgezeichnet“[28].

Um seinen Lesern zu erklären, wie Menger zu dieser Gesellschaftsanalyse gelangt ist, bemerkt der Franzose Charles Rist: „Il ne faut pas oublier que M. Menger est citoyen d'un Etat encore à demi-feodal où la noblesse et le haut-clergé jouent un rôle qui, dans les démocraties comme la France, la Suisse ou l'Amerique, est aujourd'hui bien effacé“[29].

24 Menger, Staatslehre, S. 157.

25 Buylla, Staatslehre, S. 212.

26 Rist, Un nouveau livre, S. 892.

27 Menger, Staatslehre, S. 158–160.

28 Menger, Staatslehre, S. 160.

Mengers Vorstellung von einer Gliederung der Gesellschaft in große Interessengruppen hat auch in folgendem Bild vom Staat als einem weitläufigen, verwickelten Bauwerk seinen Niederschlag gefunden[30]: Dabei bewohnen der Adel, die Geistlichkeit, das Heer und das Beamtentum den 1. Stock; im 2. Stock finden sich die Leiter des Handels, der Industrie und der Landwirtschaft; das 3. Geschoß wird von den geistigen Führern des Volkes, den Gelehrten und den Künstlern eingenommen, während die großen Massen der arbeitenden Bevölkerung in die Dachkammern verwiesen sind. Entsprechend ihrem Platz im Staatsgebäude haben die verschiedenen Bewohner auch eine unterschiedliche patriotische Einstellung[31]: Während diese im 1. Stockwerk am stärksten ausgebildet ist, ist der Patriotismus bei den ärmeren Klassen verhältnismäßig gering. Menger geht dabei davon aus, daß es sich beim Patriotismus um eine künstliche und historisch und sozial bedingte Einstellung handelt.

Von Mengers Bauwerk fühlt sich Karl Diehl an Saint-Simons berühmte Parabel erinnert, in der folgendes ausgeführt ist: Verlöre Frankreich plötzlich seine 3000 ersten Gelehrten, Künstler und gewerblich Tätigen, so würde sich die Nation in eine seelenlose Masse verwandeln; würde das Land jedoch seine 30 000 ersten Würdenträger verlieren, die königliche Familie und die höhere Geistlichkeit, so wären die Franzosen darüber sicherlich betrübt, weil sie gute Menschen sind; weiterer Schaden entstünde daraus aber nicht[32]. Ohne gerade auf dieses Beispiel einzugehen, konstatiert auch Edouard Berth: „La doctrine mengerienne, c'est du neo-saint-simonisme“[33].

Kautsky sucht vergebens bei Menger nach einer ökonomisch fundierten Klassenanalyse, und er erinnert in diesem Zusammenhang noch einmal daran, daß Menger als „echter Jurist“ ja alle „ökonomischen Verbrämungen“ verachtet[34].

In der Tat ist die Gliederung des Volkes in Herrschende und Beherrschte, in Besitzende und Besitzlose für Menger eine zufällige Folge sozialer Kämpfe und keine innere Notwendigkeit – entsprechend seiner Theorie über die Entstehung von Staat und Recht[35]. Den Begriff ‚Klasse‘ verwendet Menger nicht in einem bestimmten, präzis definierten Sinn. Er spricht einmal von individuellen Interessen der Besitzenden, die sich zum „Klasseninteresse“ gesteigert haben[36]

---

29 Rist, Un nouveau livre, S. 893.

30 Menger, Staatslehre, S. 28.

31 Menger, Staatslehre, S. 35/36/37.

32 Diehl, Staatslehre, S. 226; auch Hofmann, Ideengeschichte, S. 48/49 behandelt diese Saint-Simon-Parabel ausführlich.

33 Berth, Utopie, S. 36.

34 Kautsky, Sittenlehre, S. 79.

35 So auch Menger, Volkspolitik, S. 1.

36 Menger, Staatslehre, S. 19.

und erwähnt an anderer Stelle ein „Klasseninteresse des Grundbesitzerstandes“[37]. Aber wie schon bei dieser Formulierung ‚Klasse‘ und ‚Stand‘ ersetzt und gegeneinander ausgetauscht werden können, so spricht Menger in seinem ganzen Werk neben „Klassen“ auch von den beiden „großen Volkskreisen“[38], von „Ständen“[39] oder von „Schichten“[40], ohne daß eine dahinterstehende Konzeption über die jeweilige Verwendung dieser Begriffe deutlich würde, die über das hinausginge, was bisher nicht schon über Mengers Gesellschaftsanalyse referiert worden ist.

Aus diesem Grunde erscheint es auch nicht ganz angemessen, wenn Norbert Reich von Menger als von jemandem spricht, der den „Klassencharakter“ des Rechts anerkannt und hervorgehoben habe[41]. Der Begriff ‚Klasse‘ – sowie ihn auch Reich verstanden wissen will – erhält spezifisch marxistische Konturen nur, wenn er auf Grund einer ökonomisch fundierten Gesellschaftsanalyse verwendet wird, die jedoch Menger – wie gezeigt – weder leistet noch überhaupt leisten will. Reich gelangt zu seiner Feststellung, weil er davon ausgeht, daß Menger seine eigene Rechtstheorie an der marxistischen entwickelt hat. Menger hat jedoch nicht „die Stärken und Schwächen dieser Konzeption“[42] untersucht, sondern er hat am Marxismus kein gutes Haar gelassen.

II. Staatszweck in der neuen Ordnung

1. Gegenwärtige Vernachlässigung individueller Lebensinteressen

Um die privaten Interessen und Bedürfnisse der Bürger zu vertreten und zu schützen, hat nach Menger der bestehende Staat kaum Mittel zur Verfügung, da diese alle in Diplomatie, Armee, Flotte, Justiz und Verwaltung, also in den Machtzwecken der Herrschenden unmittelbar dienende Institutionen, gesteckt werden. Menger glaubt das besonders an solchen Einrichtungen nachweisen zu können, die nicht direkt mit den vergänglichen Machtinteressen verknüpft sind und zu denen er insbesondere das Verkehrs-, Gesundheits- und Erziehungswesen

37 Menger, Arbeitsertrag, S. 132.

38 An vielen Stellen, beispielsweise Menger, BGB, S. 28; Staatslehre, S. 60; Volkspolitik, S. 48.

39 An vielen Stellen, so Menger, Staatslehre, S. 159; Sittenlehre, S. 8/9; Volkspolitik, S. 79.

40 So beispielsweise Menger, Staatslehre, S. 36.

41 Reich, Anton Menger, S. 94; derselbe, Rechtstheorie, S. 13; derselbe, Sozialismus, S. 52.

42 So aber Reich, Anton Menger, S. 94.20/21.

rechnet. Es scheint ihm charakteristisch, daß sich der moderne Staat um diese Aufgaben nur ungern kümmert. Stattdessen überläßt er das wirtschaftliche Leben innerhalb der privatrechtlichen Schranken der freien Betätigung des Einzelnen; er erreicht dadurch, daß die wirtschaftlichen Interessen der Herrschenden in der Regel besser als durch jedes staatliche Eingreifen berücksichtigt und bevorzugt werden[43]. Menger sieht es als einen Grundfehler der heutigen Gesellschaftsordnung an, daß die wichtigsten und allgemeinsten Lebenszwecke als Privatangelegenheit hingestellt und behandelt werden[44].

2. Zukünftige Berücksichtigung

Menger hält die gegenwärtige Rechts- und Staatsordnung für außerstande, das Verhältnis zwischen Bevölkerung und vorhandenen materiellen Gütern entscheidend zu verbessern, weil die Versorgung des Volkes mit wirtschaftlichen Mitteln und die Fortpflanzung der Gattung dem Einzelnen überlassen bleiben[45]. Er verlangt daher einen Vergleich der herrschenden Staatszwecke mit den individuellen Lebensinteressen der Bevölkerung, um zu einer richtigen Zielvorstellung für die Staatstätigkeit zu gelangen; dabei geht es darum, „den alten Irrtum über den Gegensatz zwischen den individuellen Lebenszwecken und dem öffentlichen Wohl" zu überwinden[46]. Mengers Forderung nach einer Aufhebung der Trennung des privaten vom öffentlichen Recht[47] wird hier wieder sichtbar.

Die Nebenzwecke des jetzigen Machtstaates, nämlich für Leben und Gesundheit der Bürger zu sorgen, müssen den Hauptzweck staatlicher Tätigkeit in einer neuen Ordnung ausmachen. Menger führt konsequent und an vielen Stellen seines Werkes die individuellen Lebenszwecke auf drei Hauptziele zurück: Sicherheit der Person, menschenwürdige ökonomische Lebenshaltung und ein geordnetes Familienleben; die beiden ersten Interessen beziehen sich auf die Erhaltung des Individuums, das letzte auf die Fortpflanzung der Gattung[48]. Darin erblickt Menger „die wahren und ursprünglichen Lebensziele jedes einzelnen"; hinreichende Nahrung, Wohnung und Bekleidung, Befriedigung der geistigen Bedürfnisse, geordnetes Familienleben und die Unversehrtheit des körperlichen Daseins, all dies sind Zwecke, die jeder anstrebt und auch jeder anstreben muß[49].

---

43 So Menger, Staatslehre, S. 18/20/46/47/185.

44 Menger, Staatslehre, S. 21.

45 Menger, Volkspolitik, S. 63.

46 Menger, Staatslehre, S. 152.

47 Vgl. oben S. 69/70.

48 Menger, Staatslehre, S. 75/76/147/153/185/186; Volkspolitik, S. 53/54.

49 Menger, Staatslehre, S. 20/21.

Menger sieht also in einer menschenwürdigen ökonomischen Lebenshaltung den Hauptzweck staatlicher Tätigkeit. Die Propagierung eines solchen Staatszweckes korrespondiert mit Mengers Forderung nach Anerkennung eines Rechts auf Existenz. So wie beim Recht auf Existenz die Bedürfnisse des Einzelnen Anknüpfungspunkt für eine staatliche Güterverteilung bilden, soll sich die staatliche Tätigkeit schon von ihrer Zweckbestimmung her grundsätzlich dieses Einzelnen annehmen. Auch hier erweist es sich, daß der Sozialist Menger das individuelle Wohlbefinden zur allgemeinen Richtschnur und zum letzten Maßstab für staatliches Handeln erheben möchte.

Maurice Hauriou entdeckt keinen prinzipiellen Unterschied zwischen diesen Zielen und denen des bestehenden Staates: „Entre les fins de l'Etat individualiste et les fins de l'Etat socialiste, il n'y a pas d'opposition, il n'y a pas de différence essentielle, il n'y a que des différences de degré: il s'agit de savoir où on s'arrête dans la voie de l'amélioration de la condition humaine"[50].

Als Ausdruck des „größten Individualismus" ist Mengers Auffassung über die obersten Staatszwecke von Stengel kommentiert worden, und Stengel war mit dieser Ansicht nicht allein[51]. Hugo Preuß ist in seinem Urteil noch schärfer: „Und Menger, der Sozialist zu sein glaubt, ist in seiner Staatsauffassung ein so krasser und schrankenloser Individualist, daß dagegen der radikalste Manchestermann alter Observanz als gemäßigter Staatssozialist erscheint"[52]. Preuß bemängelt auch, daß mit Mengers allgemeinen Forderungen praktisch noch nichts gewonnen ist; „entscheidend sind allein Natur und Art der staatlichen Willensakte, durch welche jene theoretischen Ziele erreicht werden sollen"[53].

3. Geringschätzung staatlicher Organisationsformen

Demgegenüber steht Menger auf dem Standpunkt, daß die Staatsformen grundsätzlich für die Interessen der Massen ohne unmittelbare Bedeutung sind; eine Teilnahme des Volkes an der Leitung des Staates kommt ihm zufolge nur als Mittel zu dem Zweck in Betracht, für die individuellen Lebensinteressen zu sorgen, die nach seiner Ansicht keinen politischen Charakter besitzen[54]. Er warnt sogar davor, von der Lösung politischer und staatsrechtlicher Fragen das Heil der Menschheit zu erwarten, und es ist für ihn ein Zeichen wachsender politischer Einsicht, „wenn die rein politische Demokratie in den Gedanken und

50 Hariou, Régime d'Etat, S. 567.

51 Stengel, Staatslehre, S. 135; ähnlich auch Schaeffer, Systeme, S. 9; kritisch auch Netter, Zukunftsstaat, S. 308.

52 Preuß, Sozialismus und Konstitutionalismus, S. 677; derselbe auch Zukunftsstaatsrecht, S. 420/421.

53 Preuß, Zukunftsstaatsrecht, S. 415.

54 Menger, Staatslehre, S. 29; auch BGB S. 8.

Wünschen der Kulturnationen immer mehr in den Hintergrund tritt“[55]. Die ausschließlich politische Demokratie hält Menger für eine widerspruchsvolle Staatsform, der erst dann ein ungefährdetes Dasein gewährleistet ist, wenn in einer neuen zukünftigen Ordnung die ökonomischen Rechte der Bevölkerung ihren politischen Rechten angeglichen sind[56].

Auch in diesem Punkt zeigt sich, daß Mengers Ziel die Einführung einer sozialistischen Gesellschaftsordnung bleibt. Die politische Demokratie ist für ihn nur eine Vorstufe seiner neuen Ordnung[57], weil die Volksmacht in ihr zwar über alle staatsrechtlichen Fragen mit großer Freiheit entscheiden kann, aber an der Eigentumsordnung noch ihre Schranken findet.

Menger nennt für die Volksmassen in einer politischen Demokratie ein doppeltes Ziel: Einmal gilt es die bestehende politische Freiheit zu erhalten; zum anderen muß die überlieferte Eigentumsordnung im Interesse der Besitzlosen umgestaltet werden. Erst dann herrscht „soziale Demokratie“, in der das Privateigentum nur in bestimmten engen Grenzen anerkannt ist; erst dann ist eine „Übereinstimmung von Staats- und Volkszwecken“ erreicht[58].

III. Der volkstümliche Arbeitsstaat

1. Begriff ‚volkstümlich‘

Zur Verwirklichung seines Staatszweckes propagiert Menger anstelle des individualistischen Machtstaates den volkstümlichen Arbeitsstaat; die Lebensziele aller sollen den wichtigsten Daseinszweck dieses Staates ausmachen. „Der sozialistische Staat, oder wie man sein Wesen anschaulicher bezeichnen kann, der volkstümliche Arbeitsstaat, ist also auf dem Grundgedanken aufgebaut, daß die Erhaltung und Förderung des individuellen Daseins, die Fortpflanzung der Gattung, endlich die Sicherheit von Leben, Körper und Gesundheit, wie sie für jeden einzelnen als die wichtigsten Lebenszwecke erscheinen, so auch in erster Reihe als das Ziel aller staatlichen Tätigkeit zu gelten haben“[59]. Hugo Preuß wundert sich darüber, daß Menger dem ‚individualistischen‘ Staat keinen ‚sozialistischen‘ entgegensetzt, sondern sich des Attributs ‚volkstümlich‘ bedient,

55 Menger, Staatslehre, S. 109; auch S. 31/75.

56 Menger, Staatslehre, S. 172/173; Volkspolitik S. 21.

57 Menger, Staatslehre, S. 148.

58 Menger, Volkspolitik, S. 18/19.

59 Menger, Staatslehre, S. 22; ähnlich Staatslehre, S. 153.

„womit er einen selbst politisch durchaus verschwommenen, juristisch absolut unfaßbaren Begriff anschlägt“[60].

In der Tat verwendet Menger den Begriff ‚volkstümlich‘ in verschiedenen bedeutungsmäßigen Varianten und läßt die erforderliche Eindeutigkeit vermissen. Während ‚volkstümlich‘ im Zusammenhang mit ‚Arbeitsstaat‘ für sozialistisch steht, finden sich auch Stellen, an denen es im Sinn von ‚populär‘ oder ‚weitverbreitet in der Bevölkerung‘ gebraucht wird: so, wenn Menger von einer „volkstümlichen Reform des bürgerlichen Rechts“[61] und von einer „volkstümlichen Umgestaltung öffentlicher Zustände“[62] spricht, oder wenn er vor „volkstümlichen Vorurteilen“[63] warnt.

2. Mißtrauen als Grundlage der Politik

Darüber hinaus schließt Mengers Vorstellung von einer volkstümlichen Staatsform den Gedanken mit ein, daß das Volk sich eine kritische Haltung gegenüber der Obrigkeit bewahrt; „keine Staatsform kann als wahrhaft volkstümlich gelten, die von Seite des Volkes ein blindes Vertrauen, eine rückhaltlose Hingebung erheischt“[64].

Es wird hier deutlich, daß Menger das Mißtrauen als Grundlage der Politik ansieht, daß er das Mißtrauen als Triebfeder der demokratischen Regierungsformen betrachtet und daß er den Verlust der Selbstbestimmung für ein Volk fürchtet, welches nicht argwöhnisch jeden Staatsakt nach seinen Auswirkungen auf die politische Freiheit beurteilt. Menger konstatiert hier selbst einen Gegensatz seiner Ansicht zu der Montesquieus, für den die Tugend das Prinzip einer demokratischen Regierungsform ist[65]. Für Menger aber ist ein stets wachsames Mißtrauen der Volksmassen von entscheidender Wichtigkeit[66].

3. Monarchie und Republik

Als wichtigste staatliche Organisationsformen nennt Menger neben Theokratie und Aristokratie vor allem Monarchie und Republik.

Eine Monarchie ist für Menger dann vorhanden, wenn eine Familie alle übrigen Staatsbürger beherrscht und diese Herrschaft auch allgemein anerkannt ist[67]. Für

60 Preuß, Zukunftsstaatsrecht, S. 414.

61 Menger, Soziale Aufgabe, S. 31.

62 Menger, BGB, S. 7; Gutachten S. 5.

63 Menger, Staatslehre, S. 191.

64 Menger, Volkspolitik, S. 6.

65 Menger, Volkspolitik, S. 4.

66 So Menger, Volkspolitik, S. 12/13/24/29/33/56.

67 Menger, Volkspolitik, S. 13 ff.

deren vielleicht wichtigste Stütze hält Menger die „monarchische Fiktion", durch die alle günstigen Ereignisse dem Monarchen, alle Mißerfolge jedoch anderen Faktoren zugeschrieben werden. Die monarchische Fiktion hat für Menger eine unverkennbare Ähnlichkeit mit religiösen Dogmen und erfordert einen Verzicht auf die erste aller demokratischen Tugenden: auf das Mißtrauen.

Die Republik hält Menger für die natürlichste Ausgestaltung der Demokratie[68]. Zwar hält er es auch für möglich, daß etwa in einer Monarchie der Wille und das Interesse der breiten Volksmassen entscheidenden Einfluß auf die Lebensfragen besitzen; aber der entscheidende Unterschied von Theokratie, Aristokratie und Monarchie zur Demokratie ist darin zu sehen, „daß dort der Staat über den Volksmassen als eine fremde, zumeist durch List und Gewalt begründete Ordnung schwebt, während er sich hier in weitem Umfang als eine Schöpfung des Volkes selbst darstellt"[69].

Obwohl aus diesen Worten eine Ablehnung der Monarchie spricht, ist für Menger eine monarchische Verfassung seines volkstümlichen Arbeitsstaates durchaus vorstellbar; er läßt die Wahl zwischen einer republikanischen Staatsform und der Monarchie. Auch hiermit dokumentiert er wieder, daß für ihn Fragen der Staatsform nur sekundäre Bedeutung haben. Wie die Entscheidung zwischen Monarchie und Republik letztlich ausfällt, richtet sich nach den tatsächlichen Verhältnissen, der revolutionären Kraft des Volkes und der Machtstellung, die sich die Monarchie im Lauf der geschichtlichen Entwicklung errungen hat[70].

Menger vermutet, daß der volkstümliche Arbeitsstaat bei den romanischen Völkern in der Form der Republik auftreten wird; eine Monarchie habe bei diesen Völkern nie festen Fuß fassen können. Dagegen erscheint es ihm bei dem konservativen Sinn der Engländer und Deutschen wahrscheinlich, daß die Umwandlung des individualistischen Machtstaates in den volkstümlichen Arbeitsstaat ohne unnötige Zerstörung der politischen Formen gelingen wird. Gerade zwischen den besitzlosen Klassen und der Monarchie hält er eine Verständigung für möglich, was für Netter nicht ohne „pikanten Reiz" ist[71], während Preuß sich wundert, daß Menger hier „plötzlich zum Realpolitiker" geworden ist[72]. Wichtigste Vorbedingung für eine Verständigung zwischen Volk und Monarchie ist für Menger, daß die besitzlosen Klassen am Hof, im Heer und im Beamtentum die entscheidende Macht bilden und diese Institutionen dementsprechend gründlich umgebildet werden; die Höfe hätten ihre wirtschaftlichen Ansprüche auf ein dem schlichten Charakter des volkstümlichen Arbeitsstaates entsprechen-

---

68 Menger, Volkspolitik, S. 17 ff.

69 Menger, Volkspolitik, S. 17.

70 Menger, Staatslehre, S. 171.

71 Netter, Zukunftsstaat, S. 299.

72 Preuß, Sozialismus und Konstitutionalismus, S. 677.

des Maß herabzusetzen[73]. Menger glaubt die Lebensinteressen der Monarchie durch die sozialen Auseinandersetzungen nicht gefährdet; er hält es für das wohlverstandene Interesse der Monarchie, eine fortwährende Schärfung der sozialen Gegensätze zu verhindern[74].

4. Parlamentarismus

Auch zum Problem des Parlamentarismus hat Menger Stellung genommen.

Auf der einen Seite nimmt er Kant dessen „mißgünstigen Seitenblick auf das parlamentarische System" übel, den dieser „nicht aus der reinen Vernunft, sondern aus den konservativen Blättern seiner Zeit geschöpft hat"[75].

Andererseits warnt Menger vor einer Überschätzung der parlamentarischen Formen[76]; er wittert Gefahren in dem „verhüllenden Schleier . . . parlamentarischer Nichtigkeiten"[77], und er spricht von „Ausartungen" eines solchen Systems[78]. Verständlich und konsequent ist diese Haltung Mengers, wenn man sich daran erinnert, daß ihn staatsrechtliche Probleme nur im Hinblick auf den Übergang zu seinem Zukunftsstaat interessieren.

Im volkstümlichen Arbeitsstaat sollen nur jene Organe parlamentarisch organisiert sein, deren Funktion in der Aufrechterhaltung der herrschenden Machtverhältnisse besteht. Menger nennt als Beispiele dafür die Innen-, Kriegs- oder Justizminister, obwohl diese Begriffe in Zukunft überhaupt nicht mehr verwendet werden sollen. Auf eine solche Machtausübung kann jedoch auch im volkstümlichen Arbeitsstaat nicht vollständig verzichtet werden, obwohl die herrschende und gebietende Tätigkeit in den Hintergrund gedrängt sein und nur noch eine untergeordnete Rolle spielen wird[79]. Die marxistische Theorie vom zukünftigen Absterben von Staat und Recht lehnt Menger ab[80].

Die obersten Leitungen der verschiedenen staatlichen Wirtschaftszweige sollen jedoch dem parlamentarischen Getriebe entzogen werden, sei es, daß sie als Kollegien organisiert oder dem verantwortlichen Minister in geeigneter Weise unterstellt werden[81].

---

73 Menger, Staatslehre, S. 172/173/175.

74 Menger, BGB, S. 226.

75 Menger, Sittenlehre, S. 64.

76 Menger, Volkspolitik, S. 18.

77 Menger, BGB, S. 225.

78 Menger, Staatslehre, S. 178; weitere Bedenken auch in Volkspolitik, S. 31/55 ersichtlich.

79 So Menger, Staatslehre, S. 42/47/169/227.

80 Menger, Staatslehre, S. 189.

81 Menger, Staatslehre, S. 178/179.

Th. Ferneuil sucht bei Menger vergeblich nach einem Grund dafür, warum gerade die wirtschaftliche Leitung nicht parlamentarisch kontrolliert sein soll. „L'auteur ne justifie, par aucun argument sérieux, cette différence de traitement"[82]. Völlig unklar bleibt bei Mengers Konzeption auch, wer denn die Kollegien organisieren oder die Minister berufen wird. Er hat nicht einmal Andeutungen hierüber gemacht; auch Parteien erwähnt er in diesem Zusammenhang mit keinem Wort und mißt ihnen auch grundsätzlich nicht viel Bedeutung bei[83].

5. Gesetzgebung

Die Gesetzgebung soll im volkstümlichen Arbeitsstaat von zwei Kammern besorgt werden: Von einer Wahlkammer, die immer den demokratischen Strömungen ausgesetzt ist, und von einer aristokratischen Kammer, die freilich nicht die nutzlosen, sondern die tüchtigsten Mitglieder der Gesellschaft umfassen soll. „In einer so organisierten Gesetzgebung würde dann die Volkskammer den Willen und die Macht des Volkes, die erste Kammer sein Wissen und Können repräsentieren"[84].

Da Menger in der heutigen Gesellschaftsordnung ein ungünstiges Verhältnis zwischen politischer Berechtigung und privatrechtlicher Abhängigkeit konstatiert, steht er unter solchen Umständen einem sogenannten Referendum sehr skeptisch gegenüber, bei dem jeder Gesetzesentwurf dem Volk vorgelegt werden muß. Im volkstümlichen Arbeitsstaat jedoch hat er keinerlei Bedenken gegen die Einführung eines Referendums. Wesentlicher erscheint ihm aber die Ausdehnung der Gesetzgebungsgewaltung auf die Kriegserklärung. Für den volkstümlichen Arbeitsstaat ist eine friedliche Politik unerläßlich, weil jede Machtentfaltung nach außen im Inneren ähnliche Konsequenzen nach sich ziehen würde. Ein Mittel zur Verhinderung des Krieges liegt nun für Menger darin, daß er dessen Beginn an „erschwerende Bedingungen" knüpft und das Volk über die Kriegserklärung abstimmen läßt[85].

Gerade an dieser Aussage läßt sich eine merkwürdige Diskrepanz im Mengerschen Denken zeigen: Auf der einen Seite besitzt Menger einen scharfen Blick für die Mißstände der Gegenwart, als deren Ursache er die bestehenden Machtverhältnisse diagnostiziert. Für die Zukunft glaubt er jedoch den Machtverhältnissen keine Beachtung mehr schenken zu müssen; er erachtet es vielmehr als ausreichend, das Entstehen von ungerechten Zuständen durch die Postulierung von „erschwerenden Bedingungen" verhindern zu können. Wie es um die Einhaltung der Bedingungen bestellt sein soll, reflektiert Menger nicht. Er

82 Ferneuil, L'Etat socialiste, S. 545.

83 Menger, Sittenlehre, S. 9/28.

84 Menger, Staatslehre, S. 180.

85 Menger, Staatslehre, S. 182.

zieht auch mit keinem Gedanken die Möglichkeit in Betracht, daß auf Grund der zukünftig bestehenden Machtverhältnisse jegliche „erschwerenden Bedingungen" nicht beachtet werden.

Eine Parallele zu Mengers Ausgangsthese, man könne durch die Verwandlung sozialistischer Ideen in Rechtsbegriffe den Staatsmännern Handlungsanweisungen für eine Umgestaltung der Ordnung im Interesse der Unterprivilegierten geben[86], drängt sich auf: Menger glaubt, durch Postulate gesellschaftliche Verbesserungen in der Gegenwart erreichen und zukünftige Verschlechterungen verhindern zu können, und er mißachtet in beiden Fällen seine sonst immer betonte Ansicht, daß die schönsten Formulierungen und Forderungen nichts helfen, wenn dem die gesellschaftlichen Machtverhältnisse entgegenstehen.

In diesem Zusammenhang ist auch Mengers Vorstellung von der Entstehung des öffentlichen Rechts auf Grund staatsrechtlicher Theorien aufzugreifen; sie steht nach Menger im Gegensatz zur Entstehung des übrigen Rechts, das seine Wirksamkeit den geschichtlichen Kämpfen verdankt[87]. Warum ausgerechnet um das Entstehen des öffentlichen Rechts keine Machtkontroversen ausgetragen werden sollen, begründet Menger nicht. Hier zeigt sich wieder der Bruch in Mengers Argumentation: Er sieht überall das gesellschaftliche Leben durch das Auf- und Abwogen der Machtverhältnisse bestimmt, hält aber dennoch ohne weitere Begründung entscheidende Bereiche – insbesondere im zukünftigen Staat – von diesen Auseinandersetzungen unberührt.

Hugo Preuß bemerkt zu Mengers Vorschlag, die Gesetzgebungsgewalt auch auf die Kriegserklärung auszudehen: „Als ob es in dem Augenblicke, da die politische Konstellation bis zur Frage der Kriegserklärung gediehen ist, noch irgendwie darauf ankäme, wer das Tüpfelchen auf das i zu setzen hat! Die Staatsorgane, welche die Dinge so weit in Unabhängigkeit von der Volksvertretung bringen konnten, werden auch ohne und gegen ihr Votum Krieg führen und ein widersprechendes Parlament noch nebenbei beseitigen können"[88].

Nichtsdestoweniger hat wie Menger auch die Sozialdemokratische Partei in einer Abstimmung des Volkes über Krieg und Frieden eine Sicherung gegen ungerechte Kriege erblickt und eine diesbezügliche Forderung aufgestellt[89].

6. Ordnungs- und Wirtschaftsbehörden

Justiz und Verwaltung mit ihrer institutionalisierten Trennung müßten nach Mengers Vorstellung im volkstümlichen Arbeitsstaat eine tiefgreifende Umbil-

86 Vgl. oben S. 17.

87 Vgl. oben S. 54.

88 Preuß, Zukunftsstaatsrecht, S. 403/404.

89 So Miller, Freiheit, S. 145.

dung erfahren[90]. Die Organe des volkstümlichen Arbeitsstaates sollen in Ordnungs- und Wirtschaftsbehörden zerfallen: Während die Ordnungsbehörden die bestehenden Machtverhältnisse und damit Ruhe und Ordnung aufrechtzuerhalten hätten, müßten die Wirtschaftsbehörden die wirtschaftlichen Angelegenheiten besorgen und sich um Produktion, Verteilung und Konsumption von Sachgütern und Dienstleistungen kümmern[91].

Maurice Hauriou hält eine solche Trennung zwischen politischer und ökonomischer Gewalt für gefährlich. „Mais cette séparation n'est pas rassurante, attendu que les autorités économiques qui auraient à prescrire à chacun la quantité et le genre de travail qu'il devrait fournir et à prononcer sur la répartition des biens et des services entre les citoyens détiendraient à elles seules un pouvoir formidable"[92].

Die Ordnungsbehörden hätten nach Menger im allgemeinen die Aufgaben zu erfüllen, die heute den Gerichten und Verwaltungsbehörden obliegen; Menger zieht eine Parallele zu den älteren Lokalbehörden, die noch im 18. Jahrhundert Rechtspflege und Verwaltung in ihrer Hand vereinigt hatten. Im Vergleich dazu wäre jedoch der Wirkungskreis der Ordnungsbehörden später außerordentlich verringert, weil die heute noch so zahlreichen Eigentums- und Staatsverbrechen nurmehr selten vorkämen und weil sich ja auch die Zivilrechtspflege nach der von Menger geforderten Umbildung des Zivilrechts in eine Verwaltungskontrolle geringen Umfangs verwandeln würde. Auch die Polizei könnte zum größten Teil verschwinden, die sich infolge wachsender staatlicher Ansprüche gegen den Bürger seit dem Ende des Mittelalters übermäßig entwickelt hat. Die Mitglieder der Ordnungsbehörden müßten mit richterlicher Unabhängigkeit ausgestattet sein. Der Instanzenzug könnte entsprechend den heutigen Einrichtungen ausgestattet werden; auch die brauchbaren Elemente des alten Verfahrensrechts wären aufrechtzuerhalten[93]. In der Übergangszeit müßte zwar ein großer Teil der heutigen Gerichtsangehörigen aus politischen Gründen ersetzt werden, aber die heutige Vorbildung und Auswahl der Gerichtsmitglieder könnte auch in Zukunft beibehalten werden[94].

Damit setzt sich Menger jedoch in Widerspruch zu seiner früher erhobenen, oben näher dargelegten Forderung nach einer tiefgreifenden Umgestaltung der juristischen Ausbildung[95].

---

90 Menger, Staatslehre, S. 184.

91 Menger, Staatslehre, S. 187 ff.

92 Hariou, Régime d'Etat, S. 677.

93 Menger, Staatslehre, S. 153.

94 Menger, Staatslehre, S. 190.

95 Vgl. oben S. 48/49.

Den Wirtschaftsbehörden[96] soll im volkstümlichen Arbeitsstaat der überwiegende Teil der Staatstätigkeit zufallen. Sie haben jedem einzelnen Umfang und Beschaffenheit der zu leistenden Arbeiten vorzuschreiben und müssen jede Entscheidung über Zuweisung von Sachgütern und Dienstleistungen an die Staatsbürger treffen.

Gerade die Erfüllung dieser Aufgabe sieht Th. Ferneuil in denkbar schlechten Händen bei den Wirtschaftsbehörden; er vertraut vielmehr auf den Markt als Regulativ für die Güterverteilung: „Quant à la répartition de fruits du travail social, elle ne saurait incomber aux organes de l'autorité publique qui n'ont ni qualité, ni compétance pour remplir cet office, mais bien au jeu spontané de la concurrence qui suit d'assez près les fluctuations du mouvement économique pour ajuster aussi exactement que possible l'offre à la demande, et rémunérer le travail, non d'après un étalon abstrait et rigide comme le temps moyen du travail, mais d'après les données essentiellement concrètes et mobiles du marché économique"[97].

Nach Menger müssen sich die Wirtschaftsbehörden mit Rücksicht auf ihren umfassenden Wirkungskreis jeweils an Ort und Stelle befinden. Sie werden mit umfassender Weisungsgewalt ausgestattet; für die Bürger besteht bei der vorgesetzten Behörde ein Beschwerderecht. Der Instanzenzug soll wie derjenige der Ordnungsbehörden in Angleichung an schon bestehende Einrichtungen ausgestaltet werden. Die Vorbildung der Wirtschaftsbeamten soll keine juristische, sondern eine technische sein. Auf der unteren Stufe könnten die Beamten gewählt, in höheren Positionen müßten sie ernannt werden; von wem, sagt Menger nicht.

Auch Th. Ferneuil wirft Menger vor, bei seiner Staatskonzeption entscheidende Fragen außer Acht gelassen zu haben. „Combien il serait plus intéressant de connaître les opinions de l'auteur sur les limites respectives de la souveraineté de l'individu et de l'Etat, des droits de la majorité et des minorités dans une communauté démocratique, et des moyens pratiques d'assurer le respect des prérogatives garanties à l'individu ou aux groupes par le pacte constitutionnel contre l'omnipotence du souverain, qu'elle s'exerce par l'intermédiaire d'un monarche ou d'une assemblée parlementaire! Toutes ces questions sont passées sous silence dans l'ouvrage de Menger"[98].

Preuß, für den „nicht die Vortrefflichkeit oder Abscheulichkeit des Sozialismus, sondern allein die Formen seiner rechtlichen Organisation"[99] in Frage stehen, und der auch die Entscheidung für Republik oder Monarchie für sekundär

96 Menger, Staatslehre, S. 188 ff.

97 Ferneuil, L'Etat socialiste, S. 540.

98 Ferneuil, L'Etat socialiste, S. 544.

99 Preuß, Zukunftsstaatsrecht, S. 385 und an vielen anderen Stellen, so S. 393/395/403/415 oder derselbe, Sozialismus und Konstitutionalismus S. 662.

erachtet[100], hält aber die von Menger vorgestellte Organisation des volkstümlichen Arbeitsstaates für völlig unbefriedigend: „Von der spezifischen Eigenart der Verfassung des Arbeitsstaates erfahren wir nichts Wesentliches, was über die schon angedeutete Differenzierung seiner Organe in Ordnungs- und Wirtschaftsbehörden hinausginge. Das ist ein Mangel, der das ganze System vernichtet"[101]. Insbesondere werde die im Laufe der letzten Jahrhunderte mühsam durchgesetzte Trennung der Justiz von der Verwaltung wieder rückgängig gemacht. Preuß bezweifelt, daß die Ordnungsbehörden die ihnen zugewiesene Aufgabe, für Ruhe und Ordnung zu sorgen, überhaupt erfüllen können; alle Macht liege ja in den Händen der Wirtschaftsbehörden, denn umfassendere Befugnisse, als sämtlichen Menschen Arbeit und Existenzmittel zuzuweisen, ließen sich nicht vorstellen.

Preuß gebraucht in Zusammenhang mit Mengers Vorschlägen zur Organisation des volkstümlichen Arbeitsstaates das „Bild eines aufgeklärten Despotismus der Wirtschaftsbehörden", er spricht von „krassestem Absolutismus" und von einer „schrankenlosen und rechtlich gar nicht kontrollierbaren Allmacht einer euphemistisch ‚Wirtschaftsbehörde' genannten Polizei"[102].

In der Tat soll die Spitze der Wirtschaftsbehörden nach Mengers Vorstellungen „dem parlamentarischen Getriebe entzogen werden"[103]; als Ersatz dafür fordert Menger von den Wirtschaftsbehörden, der Machtausübung rücksichtslos zu entsagen und einen vorwiegend technisch-ökonomischen Charakter anzunehmen[104]. Wirtschaftliche Großunternehmen – wie die heutigen Post-, Eisenbahn- oder Telegraphenverwaltungen – sind für Menger geeignete Vorbilder für die Wirtschaftsbehörden in seinem volkstümlichen Arbeitsstaat; und das nicht nur wegen der rein wirtschaftlichen Zielsetzungen, sondern auch wegen ihres hierarchischen Aufbaus; Armee oder Beamtenschaft jedoch passen ihm weniger als Vorbild, weil diese zu sehr auf historisch bedingten Gefühlen wie Patriotismus und Ruhmesbegierde beruhen[105].

7. Recht und Wirtschaft

Staat und Recht grenzt Menger folgendermaßen von Wirtschaft ab: „Staat und Recht ist die Ordnung der Machtverhältnisse, die Volkswirtschaft die Ordnung der Erzeugung und Verteilung von Sachgütern und Dienstleistungen"[106].

100 Preuß, Zukunftsstaatsrecht, S. 401.
101 Preuß, Zukunftsstaatsrecht, S. 400.
102 Preuß, Zukunftsstaatsrecht, S. 409/410/412.
103 Menger, Staatslehre, S. 179.
104 Menger, Staatslehre, S. 190/191.
105 Menger, Staatslehre, S. 67/169/187/250.
106 Menger, Staatslehre, S. 227.

Menger verwahrt sich gegen die marxistische Vorstellung, in der Rechtsordnung bloß den rechtlichen Überbau, den juristischen Ausdruck der wirtschaftlichen Verhältnisse zu sehen; er steht auf dem Standpunkt, daß auf rechtlichem Gebiet in erster Linie die Macht und dann erst ein wirtschaftliches Bedürfnis entscheiden, das überdies von den Machthabern erst anerkannt werden muß.

Für Mengers Konzeption ist die Abgrenzung des Rechts von der Wirtschaft von zentraler Bedeutung, denn er möchte ja den bestehenden Machtstaat, dessen Rechtsordnung aus der Summe der dauernd anerkannten Machtverhältnisse besteht, durch den von wirtschaftlichen Zielsetzungen geleiteten volkstümlichen Arbeitsstaat abgelöst sehen. Trotzdem hat Menger zur Unterscheidung dieser beiden Phänomene keine weiteren Kriterien herausgearbeitet; er beschränkt sich darauf, Staat und Recht als Ordnung der Machtverhältnisse aufzufassen, während sich die Wirtschaft ihm zufolge der Erzeugung und Verteilung der Güter und Dienstleistungen annimmt. Recht und Wirtschaft stehen sich also als diametrale Gegensätze gegenüber.

Menger nennt Beispiele aus der Rechtsgeschichte dafür, daß mit einem verläßlichen Heer und einer guten Polizei Rechtsordnungen Jahrhunderte aufrechterhalten werden können, die mit den wirtschaftlichen Verhältnissen nicht im geringsten Einklang stehen. So sei das römische Recht am Ende des Mittelalters dem deutschen Volk gegen seinen Willen von absolutistischen Fürsten und von den Juristen aufgezwungen worden. Auch die hochentwickelte französische Gesetzgebung sei im Gefolge der siegreichen napoleonischen Feldzüge in höchst rückständigen Ländern wie Polen oder Neapel eingeführt worden, in Staaten also, die damals noch kaum mittelalterliche Rechts- und Wirtschaftszustände überwunden hatten. Immerhin berührt es Menger merkwürdig, daß der Code Napoleon gerade in diesen rückständigen Ländern nach dem Sturz Napoleons mit geringen Abweichungen beibehalten wurde[107].

Eugen Ehrlich weist gegenüber Mengers Beispielen darauf hin, daß die wirtschaftlichen und gesellschaftlichen Verhältnisse in Deutschland zur Zeit der Aufnahme des römischen Rechts in hohem Maße den Verhältnissen entsprachen, die im römischen Reich zur Zeit der Entstehung dieses Rechts herrschten. Trotzdem war eine Anpassung an die deutschen Verhältnisse erforderlich, und diese Anpassung wurde durch Wissenschaft und Rechtspflege auch geleistet. Ebensowenig standen die rückständigen Länder Neapel oder Polen in einem so großen Gegensatz zu Frankreich, daß die Einführung des Code Napoleon auf unüberwindliche Schwierigkeiten gestoßen wäre; Unterschieden wurde durch gesetzgeberische Maßnahmen und Rechtsprechung Rechnung getragen[108].

Ein Haupteinwand gegen Menger, der insbesondere von Hugo Preuß vertieft worden ist, betrifft die Tatsache, daß Menger nicht nur wirtschaftliche und

107 Menger, Staatslehre, S. 228/229.

108 Ehrlich, Anton Menger, S. 295.

soziale Macht nicht gleichsetzt, sondern Wirtschaft und Macht geradezu als prinzipielle Gegensätze betrachtet; Menger sieht nicht, daß die Wirtschaftsordnung eine überaus wichtige Machtquelle darstellt; stattdessen wird sein gesamtes Werk von dem begrifflichen Gegensatz zwischen Macht- und Wirtschaftsordnung durchzogen[109].

Was unter Macht zu verstehen ist, wo und wie sie sich bildet, und auf welche Weise sie sich durchsetzt, hat Menger als Fragestellung und Problem nur insoweit gesehen, als er Macht mit kriegerischer Überlegenheit verbindet. „Die politischen Machtverhältnisse, die Menger als gestaltende Mächte darstellt, schweben wie der Geist Gottes über den Wassern. ... Ist der Staat ein selbständiger Faktor gegenüber den sozialen und ökonomischen Mächten, oder ist er ein Geschöpf des wirtschaftlichen und sozialen Lebens?"[110]. Paul Kampffmeyer vermag auf diese Frage bei Menger keine Antwort zu finden, und auch Kantorowicz bemängelt, daß Menger das Wesen der Macht und der Machteroberung völlig im Dunkeln läßt und keine ihrer Beziehungen zu Parlament, Wirtschaft, Organisation, Masse oder Heer klarstellt[111]. Wäre Menger nicht von der Entgegensetzung von wirtschaftlicher Macht und Macht überhaupt ausgegangen, dann hätte er kaum Machtstaat und Arbeitsstaat als mögliche Gegensätze konstruieren können, denn auch die Verfassung des Arbeitsstaates ist in höchstem Maße Machtorganisation. Nach Preuß hätte Menger in erster Linie für eine wirksame Machtkontrolle Sorge tragen müssen, ohne dabei die Staatsformen so gering zu achten. Die Proklamierung des Volkswohls als oberster Staatszweck ersetze eine solche Machtkontrolle nicht; entscheidend sei allein, „welche Organe die auf Erreichung der angeblichen Staatszwecke gerichteten staatlichen Willensakte rechtsgültig vornehmen, und wie diese Organe bestellt werden"[112].

8. Welt-, Staats- und Gemeindesozialismus

Als Ideal schwebt Menger ein Zustand vor, in dem alle Menschen einen politischen und wirtschaftlichen Organismus bilden und weder Krieg noch ökonomische Konkurrenz zu finden sind; für Menger ist damit der Weltsozialismus erreicht[113]. Als Vorstufen eines solchen ökonomischen Weltstaates betrachtet er Einrichtungen wie den Weltpostverein oder den internationalen Telegraphenverein. Hier zeigt sich der internationale Charakter von Mengers Vorstellungen; er hat in Übereinstimmung mit der gesamten sozialistischen

---

109 Preuß, Sozialismus und Konstitutionalismus, S. 661/662/676/678; Zukunftsstaatsrecht, S. 407.

110 Kampffmeyer, Neuer Wind, S. 402; derselbe, Wirtschaftsleben, S. 492/493.

111 Kantorowicz, Staatslehre, S. 350.

112 Preuß, Zukunftsstaatsrecht, S. 415; ähnlich Sozialismus und Konstitutionalismus, S. 677.

Literatur „eine entschiedene Antipathie gegen die nationalen und staatlichen Unterschiede“[114]. Stengel ist nicht verwundert darüber, daß Menger für das „Phantom des Weltstaates“ schwärmt, da Menger für den Patriotismus ja auch nur ein „mitleidiges Lächeln“ übrig habe[115].

Trotz allem weiß Menger, daß der Weltsozialismus kein unmittelbar erreichbares Ziel ist. Weil er die Einführung des volkstümlichen Arbeitsstaates nicht so lange verschieben will, bis die Menschheit für eine so umfassende Reform reif geworden ist, propagiert er einen Staatssozialismus, bei dem zunächst die einzelnen Staaten Träger des Eigentums und der wirtschaftlichen Tätigkeit sein sollen[116].

Aber auch eine solche Zentralisation und Konzentration aller wirtschaftlichen Kräfte in den Händen des Staates scheint Menger noch ein zu verwirrender Übergang vom heutigen Privateigentum zu sein; deshalb möchte er im volkstümlichen Arbeitsstaat zunächst die Gemeinde zur regelmäßigen Trägerin des Eigentums und der Wirtschaft machen[117]. Menger hält den Gemeindesozialismus für den unmittelbaren Erben der geltenden Staats- und Wirtschaftsordnung; er ist für ihn eine höhere Stufe des sozialen Bewußtseins der Menschheit. Die Vorteile einer Wirtschaftsform wie der des Gemeindesozialismus liegen insbesondere darin, daß besser als im Staats- oder Weltsozialismus auch für einen ungeschulten Betrachter der Zusammenhang zwischen Arbeit und Belohnung deutlich wird.

Die Propagierung des Gemeindesozialismus hält André Mater für „la thèse fondamentale“ von Menger, und er erhofft sich dessen Realisierung auch für Frankreich[118].

Nur bis zu einem gewissen Grad selbständig würden sich die mit wirtschaftlichen Aufgaben betrauten Gemeinden gegenüberstehen; jeder Austausch von Waren und Dienstleistungen müßte unter Aufsicht der vorgesetzten, in ihrer Allmacht schon dargestellten Wirtschaftsbehörde erfolgen.

Wegen der Übertragung des Eigentums und der Wirtschaft vom Einzelnen auf die Gemeinde käme der Gemeinde- und Staatsangehörigkeit im volkstümlichen Arbeitsstaat eine weit größere Bedeutung als heute zu; Anknüpfungspunkt für die Gemeindezugehörigkeit hätte der tatsächliche Aufenthaltsort zu sein. Während im Machtstaat das Staatsbürgerrecht nur die politischen Rechte umfaßt und die wesentlichen Lebenszwecke außer Acht läßt, bildet im volkstümlichen Arbeitsstaat die Gemeindezugehörigkeit die Grundlage der wirtschaftlichen

113 Menger, Staatslehre, S. 192.

114 Menger, Staatslehre, S. 37; ähnlich Volkspolitik 36/56.

115 Stengel, Staatslehre, S. 135.

116 Menger, Staatslehre, S. 192/193.

117 Menger, Staatslehre, S. 193 ff.

118 Mater, Socialisme juridique, S. 5/23/24.

Existenz: „Durch das sozialistische Heimatsrecht wird für den Heimatsberechtigten gegenüber seiner Gemeinde das Recht auf Existenz und die damit verbundene Arbeitspflicht begründet"[119]. Was die Größe der Gemeinden anlangt, so hätte der volkstümliche Arbeitsstaat an die bestehende Bevölkerungsverteilung anzuknüpfen. Als Richtschnur hat eine Bevölkerungsdichte von 2000 Personen zu dienen; größere Städte sind in örtliche, getrennte Bezirke zu unterteilen, Angehörige desselben Berufs in Arbeitergruppen zusammenzufassen. Bezirke und Arbeitergruppen sind als bloße Verwaltungseinrichtungen zu betrachten; Trägerin des Eigentums und der wirtschaftlichen Tätigkeit bleibt auf jeden Fall die Gemeinde.

Maurice Hauriou ergreift Unbehagen beim Gedanken an die umfassenden Befugnisse, die der Gemeinde zustehen sollen: „On peut légitimement se demander si les forces urbaines qui se trouveraient sans conterpoids ne deviendraient pas extrêmement nocives"[120].

Eugen Ehrlich hält den Gemeindesozialismus für eine „rückständige und unbeholfene Einrichtung"; er fühlt sich durch eine solche Wirtschaftsorganisation an die Urzeit der Menschheit und an das System des russischen Mir erinnert[121], ungeachtet dessen, daß Menger das Mir-System an anderer Stelle strikt verworfen hat[122]. Ehrlich erklärt Mengers Vorliebe für den Gemeindesozialismus vor allem auch mit dessen Hochschätzung der amerikanischen Kommunistengemeinden[123].

9. Arbeitsorganisation

Die gesamte Arbeitsorganisation soll im volkstümlichen Arbeitsstaat der Gemeinde anvertraut sein[124]. Sie hat die Arbeitergruppen zusammenzustellen und wieder aufzulösen; auch der Vorsteher dieser Arbeitergruppen soll durch die Gemeinde ernannt oder entlassen werden, während die Vorsteher hinwiederum für die Arbeitsleistung der Gruppe verantwortlich sind und Disziplinargewalt über ihre Mitglieder besitzen.

Grundsätzlich möchte Menger Staats- und Arbeitsverfassung nach völlig verschiedenen Maßstäben beurteilen[125]. Politische Veränderungen nämlich und auch der schroffste Wechsel der Staatsverfassungen berühren – so argumentiert er – das innere Leben der Völker und deren Interessen nur wenig, während eine

119 Menger, Staatslehre, S. 196.
120 Hariou, Régime d'Etat, S. 580.
121 Ehrlich, Anton Menger, S. 307.
122 Vgl. oben S. 23.
123 Zu den Kommunistengemeinden oben S. 25.
124 Menger, Staatslehre, S. 199 ff.
125 Menger, Staatslehre, S. 201.

Änderung der Arbeitsverfassung die Nationen geradezu vor die Existenzfrage stellt. Menger verweist in diesem Zusammenhang auf Frankreich; dort folgten innerhalb weniger Jahre auf das absolutistische Königtum demokratische Verfassungen, und diese wieder wurden vom despotischen ersten Kaiserreich abgelöst, ohne daß jedesmal wesentliche Lebensinteressen beeinträchtigt worden wären. Eine Änderung der Arbeitsverfassung hätte jedoch die Nation geradezu vor die Existenzfrage gestellt. Aus diesem Grunde hat die Arbeitsverfassung immer ihren streng autoritären Charakter behalten, auch wenn die Sklaverei des Altertums durch die Hörigkeit des Mittelalters und diese wiederum durch das freie Lohnsystem ersetzt wurden.

In diesen Gedanken Mengers zur Trennung der Staats- von der Arbeitsverfassung spiegelt sich seine gesamte Staatskonzeption noch einmal wieder:

Als obersten Staatszweck betrachtet Menger die individuellen Lebensinteressen der Massen; auch die Arbeitsverfassung hat diesen Zweck zu berücksichtigen. Der Erreichung dieses Zieles sind sämtliche anderen Überlegungen unterzuordnen, insbesondere auch solche, die einen demokratischen Staatsaufbau, eine Kontrolle der Staatsgewalt oder eine nicht-autoritäre Arbeitsverfassung betreffen. Die Problematik der politischen Demokratie wird von Menger nur gestreift. Das ganze Gewicht legt er auf eine Wirtschafts- und Arbeitsverfassung, die für ihn keine Berührungspunkte mit der staatlichen und rechtlichen Verfassung besitzt. Eine politische Demokratie ist erst die Vorstufe zu Mengers volkstümlichem Arbeitsstaat.

Menger ist der Ansicht, daß seine autoritäre Arbeitsverfassung nur mit großer Vorsicht umgestaltet werden könne, und zwar erst dann, wenn der volkstümliche Arbeitsstaat in seinen Beharrungszustand getreten ist. Mißbrauch bis dahin fürchtet er deswegen nicht, „weil die Gemeinde, von der die Autorität ausgeht, selbst demokratisch organisiert sein wird“[126].

Preuß hält diese Versicherung Mengers für völlig ungenügend: „Nur leider sind diese beiden Worte ‚demokratisch organisiert‘ das einzige, was wir über dieses Fundamentalinstitut der künftigen Selbstverwaltung erfahren; und leider ist damit gar nichts anzufangen. Denn offenbar hält doch Menger auch seinen volkstümlichen Arbeitsstaat für demokratisch organisiert; und wie wir trotzdem dessen Verfassungsrecht als das diametrale Gegenteil einer volkstümlichen Verfassung erkannt haben, so kann auch seine angeblich demokratische Gemeindeorganisation das Gegenteil wahrer Selbstverwaltung sein“[127].

---

126 Menger, Staatslehre, S. 200.

127 Preuß, Zukunftsstaatsrecht, S. 411.

IV. Persönliche Grundfreiheiten und Gefahren im volkstümlichen Arbeitsstaat

1. Freiheit

Unter Freiheit[128] versteht Menger „die dem einzelnen gewährte Möglichkeit, die selbstgewählten Zwecke ohne willkürliche Hindernisse zu verfolgen". Menger differenziert zwischen politischer und ökonomischer Freiheit; er führt dabei zwei verschiedene Vorstellungen von politischer Freiheit ein:

Zum einen herrscht dann politische Freiheit, wenn und soweit die einzelnen an der Erreichung ihrer Zwecke durch staatliche Einrichtungen nicht gehindert werden. Eine so verstandene politische Freiheit glaubt Menger von der geltenden Staatsverfassung unabhängig; sie kann sogar in einem vernünftig regierten absolutistischen Staat vorkommen.

Zum anderen versteht Menger unter politischer Freiheit die Möglichkeit für den Bürger, an der Führung des Staates zumindest in gewissem Umfang beteiligt zu sein. In diesem Sinn herrscht politische Freiheit nur in Republiken und konstitutionellen Monarchien.

Im volkstümlichen Arbeitsstaat wird es in jeder Hinsicht mehr politische Freiheit als im individualistischen Machtstaat geben. Insbesondere durch den Wegfall der Militärverpflichtung und das Nachlassen des polizeilichen Drucks wird die individuelle politische Freiheit der Massen erheblich vergrößert sein.

Die persönliche ökonomische Freiheit jedoch soll im volkstümlichen Arbeitsstaat im Interesse der Armen eingeschränkt werden. Dies wird sich deshalb zu deren Gunsten auswirken, weil die Erwerbsgelegenheiten, auf die die Armen heute nur zufällig oder gar nicht stoßen, im volkstümlichen Arbeitsstaat planmäßig zugewiesen werden. Wer eine Verminderung der ökonomischen Freiheit im volkstümlichen Arbeitsstaat herannahen sieht, faßt Menger zufolge ausschließlich die soziale Lage der Reichen ins Auge[129].

2. Gleichheit

Die „Gleichheit vor dem Gesetz" hält Menger solange für einen „absurden Begriff", als darunter nur Gleichheit in „minder wichtigen" Rechtsgebieten wie Zivilprozeß, Strafrecht und Strafprozeß verstanden wird und sich die Gleichheit nicht auch auf das wichtigste Rechtsgebiet, das Vermögensrecht, bezieht[130].

---

128 Menger, Staatslehre, S. 60–63.

129 Menger, Staatslehre, S. 62.

130 Menger, Arbeitsertrag, Fußnote 2 S. 29; ähnlich Staatslehre, S. 64.

In dieser Stellungnahme klingt wieder die überragende Bedeutung durch, die Menger vermögensrechtlichen Aspekten beimißt. Es lassen sich Parallelen zu seiner Geringschätzung der politischen Demokratie aufzeigen: Ebenso wie er die Mitbestimmung über staatsrechtliche Fragen solange nicht für ausreichend erachtet, wie diese durch die herrschende Eigentumsordnung noch Einschränkungen erfährt, gilt Menger die formale Gleichheit vor den Schranken des Gerichts wenig, solange sie nicht durch eine materielle Gleichheit in Fragen des Besitzes ergänzt ist.

Demgegenüber warnt Georges Sorel vor dem Irrtum, den Menger mit seiner Geringschätzung der Gleichheit als einem der wichtigsten Prinzipien der Revolution von 1789 begehe; die Errungenschaften der Revolution hätten schließlich einen bedeutenden Einfluß auf die weitere Rechtsentwicklung ausgeübt[131].

Wer aber erwartet, daß Menger einer völligen ökonomischen Gleichheit das Wort redet, der sieht sich getäuscht. Menger propagiert eben nicht, wie Edgar Loening fürchtet, „eine öde und unfruchtbare Gleichheit aller“[132]; vielmehr ist ihm zufolge die wirtschaftliche Gleichheit aller Bürger mit der sozialistischen Gesellschaftsordnung nicht notwendig verbunden; nur die verschiedene ökonomische Lage der Bürger auf Grund des Besitzes soll beseitigt werden[133]. Eine unterschiedliche Stellung in der Staats- und Arbeitsordnung und das Maß der geleisteten Arbeit sollen nicht ohne Einfluß auf die dem Einzelnen zustehenden Mittel und Genüsse bleiben. Weitere Gesichtspunkte, die nach Mengers Ansicht zur ökonomischen Ungleichheit führen, sind einmal Bildungsunterschiede und zum anderen die Tatsache, daß die sozialistische Bewegung vorwiegend von den geistig und materiell am höchsten stehenden Mitgliedern der Arbeiterklasse getragen wird; deren Interessen werden somit bei einem Sieg der sozialen Bewegung am ehesten berücksichtigt[134]. Eine völlige ökonomische Gleichheit kann sich Menger nur in einem kommunistischen oder anrachistischen System vorstellen, was er aber – wie gezeigt – nicht befürwortet[135]. Doch versichert Menger, daß im volkstümlichen Arbeitsstaat die ökonomische Ungleichheit entfernt nicht die Schärfe haben wird wie der gegenwärtige Gegensatz zwischen Arm und Reich[136].

Eine nach seinen Vorstellungen organisierte Gesellschaft bietet laut Menger auch die besten Lösungen für die beiden Fragen, nämlich, wer die von Natur aus

131 Sorel, Aspects juridiques, S. 404/405.

132 Loening, Das bürgerliche Recht, S. 395.

133 Menger, Arbeitsertrag, S. 60; Staatslehre, S. 24/25; Sittenlehre, S. 76; Volkspolitik, S. 21.

134 Menger, Staatslehre, S. 65.

135 Vgl. oben S. 16/23.

136 Menger, Staatslehre, S. 71.

seltenen Genußmittel erhalten soll und wer die widerwärtigen und gesundheitsschädlichen Arbeiten zu übernehmen hat[137]. Menger, der ja auch den Gegensatz zwischen Herrschenden und Beherrschten nicht abschaffen will[138], scheut sich nicht, davon zu sprechen, daß man sich den „volkstümlichen Arbeitsstaat als eine hierarchische Organisation" vorzustellen habe[139]. Durch eine hierarchische Ordnung sieht Menger die Gefahr gebannt, daß der volkstümliche Arbeitsstaat zu einem „Mast- und Futterstaat" erstarrt und die Massen einem „vollständigen Quietismus" verfallen, weil sie wegen der ökonomischen Gleichheit keine Besserungsmöglichkeiten mehr für ihre wirtschaftliche Lage sehen[140]. Durchlässigkeit und die Möglichkeit des Emporsteigens in höhere Ränge werden jedoch vorausgesetzt.

Die hierarchische Organisation im volkstümlichen Arbeitsstaat soll sich nach folgenden Gesichtspunkten herausbilden: „Die Verteilung der Staatsbürger auf die verschiedenen Berufszweige würde mit Rücksicht auf den Beruf der Eltern erfolgen, doch wären die abweichenden Wünsche einzelner nach Möglichkeit zu beachten. Der Eintritt in die höheren Laufbahnen wäre von besonderer geistiger Betätigung im jugendlichen Alter bedingt, während das Aufsteigen nach der Verschiedenheit der Berufe durch Wahl oder Ernennung erfolgen würde. Im weiteren Lauf der Entwicklung, wenn der demokratische Geist nicht nur das politische, sondern auch das geistige und wirtschaftliche Leben durchdringen würde, könnte zur Bildung des wirtschaftlichen Organismus auch das Los verwendet werden"[141].

3. Freizügigkeit

Die Freizügigkeit[142] stellt in der gegenwärtigen Gesellschaftsordnung eines der wichtigsten Rechte dar, weil sich der einzelne, trotz ansonsten vollständiger Abhängigkeit vom Eigentümer der Produktionsmittel, immerhin doch gegebenenfalls einen neuen Herrn suchen kann.

Eine so große Bedeutung kommt nach Menger der Freizügigkeit im volkstümlichen Arbeitsstaat nicht mehr zu. Hier ist nämlich der einzelne mit allen übrigen Gemeindegenossen gleichberechtigt, und er kann sogar durch seinen Willen die wirtschaftliche Tätigkeit der Gemeindebehörden beeinflussen. Aus diesem Grund muß die Freizügigkeit im volkstümlichen Arbeitsstaat Einschränkungen erfahren: Ein Übertritt in eine andere Gemeinde ist nur dann

---

137 Menger, Staatslehre, S. 67; Sittenlehre, S. 63.

138 Vgl. oben S. 77.

139 Menger, Staatslehre, S. 66/67.

140 Menger, Staatslehre, S. 68.

141 Menger, Staatslehre, S. 71.

142 Menger, Staatslehre, S. 197.

zulässig, wenn die Austrittsgemeinde das abziehende Mitglied aus seiner Arbeitspflicht entläßt und diesem durch die neue Gemeinde das Recht auf Existenz verliehen wird. Ausnahmen hiervon hätte die vorgesetzte Wirtschaftsbehörde zu genehmigen.

Trotz dieser Einschränkungen der individuellen Freizügigkeit will Menger dann keine Schwierigkeiten machen, wenn sich ein ganzer Bevölkerungsteil aus dem volkstümlichen Arbeitsstaat lossagen will; größere Volksgruppen sollen nicht gegen ihren Willen im Staatsverband zurückgehalten werden[143]. Um jedoch Übereilungen zu verhindern, und auch, um der bisherigen Regierung eine Verbesserung ihrer Fehler zu ermöglichen, hätten vor jeder Lossagung wiederholte Abstimmungen in längeren Zeiträumen zu erfolgen.

Lapidar bemerkt Hugo Preuß dazu, daß man den praktischen Wert dieses Vorschlags nicht ernsthaft zu erörtern brauche[144].

4. Gefährdungen

Auch Menger verkennt nicht, daß sein volkstümlicher Arbeitsstaat Gefahren in sich birgt; Willkür und Mißbrauch sind vor allen Dingen deswegen nicht auszuschließen, weil der einzelne einem übermächtigen Staat gegenübersteht[145]. So ist Menger sich zwar sicher, daß der volkstümliche Arbeitsstaat für die Gesamtheit keine Minderung ihrer wirtschaftlichen Freiheit mit sich bringt; dennoch wäre es möglich, daß die großen wirtschaftlichen Befugnisse des zukünftigen Staates zur Fesselung des Individuums mißbraucht werden und damit ähnlich wirken wie die politische Überlegenheit im heutigen individualistischen Machtstaat[146]. Auch ist eine schädliche Einflußnahme der Macht des volkstümlichen Arbeitsstaates auf Forschung und Wissenschaft nicht völlig von der Hand zu weisen[147]. Dazu kommt, daß sich oft Mitglieder von Institutionen unzweifelhaft demokratischen Charakters im Lauf der Geschichte zu einer begünstigten Klasse entwickelt und verselbständigt haben; deshalb befürchtet Menger, „daß, wenn in dem volkstümlichen Arbeitsstaat einmal eine vom Volk unabhängige Hierarchie besteht, ihre Machtinteressen die Kulturbedürfnisse gar bald ebenso wie in dem heutigen Zustand in den Hintergrund drängen müssen"[148].

Als wirksamste Sicherstellung gegen derlei Gefahren sieht Menger eine allgemein verbreitete Volksüberzeugung an, daß Erfolge und Leistungen leitender

143 Menger, Staatslehre, S. 169/170.

144 Preuß, Zukunftsstaatsrecht, S. 413.

145 Menger, Staatslehre, S. 112.

146 Menger, Staatslehre, S. 63.

147 Menger, Staatslehre, S. 219.

148 Menger, Staatslehre, S. 48.

Persönlichkeiten und Volkskreise nur einen sehr geringen absoluten Wert besitzen und allemal von der Unterstützung eines tüchtigen Volkes abhängig bleiben. Eine der wichtigsten Aufgaben des Erziehungswesens wird es sein, die Bürger zu einer solch kritischen Einschätzung zu führen[149]. Dazu kommt, daß der volkstümliche Arbeitsstaat die natürliche Tendenz hat, das Verantwortungsbewußtsein der leitenden Persönlichkeiten zu steigern[150]. Auch ist der volkstümliche Arbeitsstaat Menger zufolge seiner ganzen Organisation nach nicht vornehmlich auf Machtentfaltung gerichtet[151]; diese wird vielmehr verhältnismäßig gering sein; eine zweckmäßige Aufgabenverteilung zwischen den höheren und niedrigeren Staatsorganen wird dafür sorgen, „daß die Zentralgewalt niemals zum allmächtigen Hausvater des gesamten Volkes ausarten kann"[152]. Im übrigen wird dazu auch noch die Selbstbeherrschung der Organe des volkstümlichen Arbeitsstaates bei der Organisation der wirtschaftlichen Kräfte beitragen[153].

Daß der volkstümliche Arbeitsstaat zu einem „Zuchthaus- und Kasernenstaat" ausarten könnte, fürchtet Menger nicht[154]. Grundsätzlich vertraut er auf das demokratische Mißtrauen: „Ein Volk, das sein Staatsleben nicht argwöhnischen Auges verfolgt und das nicht jeden Staatsakt nach seiner Einwirkung auf die politische Freiheit beurteilt, wird seiner Selbstbestimmung gar bald durch Gewalt, oder, was noch gefährlicher ist, durch den unmerklich wirkenden Einfluß der Regierungstätigkeit beraubt werden"[155].

Weitere Äußerungen über Gefahren der Entarung seiner zukünftigen Staatsordnung finden sich in Mengers Werk nicht; nirgends werden auch andere Maßnahmen gegen eine übermächtig gewordene Staatsmacht angeboten. Menger genügen als Sicherheit und Schutz Tugenden wie Selbstbeherrschung, Verantwortlichkeit und Mißtrauen, die gegebenenfalls durch eine zweckmäßige Erziehung geweckt oder gestärkt werden können. Dazu kommt die feste, weder durch Beobachtung noch durch Analyse der Wirklichkeit gestützte Überzeugung Mengers, sein volkstümlicher Arbeitsstaat werde sich schon nicht zu sehr auf Machtentfaltung verlagern. Wie wenig schon damals diese Versicherungen Mengers befriedigen konnten, läßt sich an den Äußerungen der Rezensenten ablesen.

Gerade Mengers Verwahrung dagegen, daß der volkstümliche Arbeitsstaat zu einem Zuchthaus- und Kasernenstaat ausarten werde, ist gegen ihn selbst gekehrt

149 Menger, Staatslehre, S. 49/219 ff.

150 Menger, Staatslehre, S. 112.

151 Vgl. oben S. 86; auch Menger, Staatslehre, S. 219.

152 Menger, Staatslehre, S. 241.

153 Menger, Staatslehre, S. 63.

154 Menger, Staatslehre, S. 61.

155 Menger, Volkspolitik, S. 6.

worden. Menger hatte mit seiner Äußerung Zitate von Bismarck und Eugen Richter[156] über sozialistische Zukunftsvisionen aufgegriffen, und er wollte gerade mit seinem Werk zeigen, wie unberechtigt solche Befürchtungen sind. Aber nur im sozialdemokratischen „Vorwärts" ist ihm bestätigt worden, daß er „sehr hübsch" die diversen Eugen Richters mit ihrem Zuchthaus- und Kasernenstaat abfertige[157]. Jedoch schon in den „Sozialistischen Monatsheften" sieht Wolfgang Heine die Gefahr, daß Mengers Vorstellungen wirklich zu einem Zwangsstaat führten: „Herr Professor Menger verzeihe mir, aber es ist nicht meine Schuld, wenn auf Konstruktionen seiner Art die Einwände aus Eugen Richters Zukunftsbildern so gut passen, wie sie unsinnig gegenüber der Marxischen Sozialdemokratie sind"[158]. Oppenheimer und Kantorowicz, die Menger sonst wohlgesonnen sind, teilen Heines Befürchtungen[159]; auch sonst findet sich kaum jemand, den bei Mengers Staatskonzeption nicht ein gewisses Unbehagen ergreift[160].

Maurice Hauriou faßt seine Auffassung über Mengers Kritik an der bestehenden Staatsordnung und dessen Zukunftsentwurf in zwei grundsätzlichen Einwänden zusammen: „D'une part, il imagine que dans l'Etat socialiste un changement des moeurs diminuera le goût des hommes pour le pouvoir et c'est une erreur de méthode, car cette supposition est purement gratuite; d'autre part, il affirme que l'Etat individualiste est construit uniquement en vue de l'accroissement du pouvoir, qu'il est à fin de pouvoir et non pas à fin de civilisation, et c'est une erreur d'observation, car il n'est pas douteux que l'Etat individualiste n'ait très raisonnablement employé son pourvoir à des fins de civilisation et de culture et que par là il ne l'ait considéré comme un simple moyen"[161].

Hier ist noch einmal die Rolle der Macht angesprochen, so wie Menger sie sieht: In der Gegenwart wirkt sie verderblich, ist gegen die Interessen der Massen gerichtet und nur zum Vorteil der Herrschenden eingesetzt; in der Zukunft wird sie völlig in den Hintergrund gedrängt und aus dem öffentlichen Leben so gut wie verschwunden sein; sie wird die Menschen nicht mehr von ihren wahren Interessen abhalten.

Eine schöne Vorstellung; es wird zu zeigen sein, wie Menger sich ihre Verwirklichung vorgestellt hat.

---

156 Menger, Staatslehre, S. 61, Fußnote 1: Rede Bismarcks in der Sitzung des deutschen Reichstags vom 17. Sept. 1878; Eugen Richter, Rede vom 4. Febr. 1893; auch Eugen Richter, Die Irrlehren der Sozialdemokratie, Berlin 1890.

157 Vorwärts, Staatslehre.

158 Heine, Utopien, S. 655.

159 Oppenheimer, Arbeitsstaat, S. 188; Kantorowicz, Staatslehre, S. 352.

160 Kritisch Savigny, Staatslehre, S. 132; Netter, Zukunftsstaat, S. 299; Neukamp, Anton Menger, S. 150; Rist, Un nouveau livre, S. 898; Zweig, Staatslehre, S. 179.

161 Hariou, Régime d'Etat, S. 568.

5. KAPITEL
DER WEG ZUR NEUEN GESELLSCHAFTSORDNUNG

I. Grundlagen für gesellschaftliche Veränderungen

1. Faktoren für gesellschaftliche Veränderungen

An verschiedenen Stellen seines Werkes hat Menger Vorstellungen darüber entwickelt, wie seine zukünftige Gesellschaftsverfassung verwirklicht werden könnte. Daß er dabei der Verteilung der Machtverhältnisse wiederum entscheidende Bedeutung beimißt, überrascht auf Grund seiner Auffassungen keineswegs.

Realistisch stellt Menger fest, daß die Machtstellung der Besitzlosen gegenwärtig noch sehr gering ist[1]. Dennoch konstatiert er, „daß die soziale Bewegung der Gegenwart durch eine den besitzlosen Volksklassen günstige Veränderung der sozialen Machtverteilung hervorgerufen worden ist", und er verweist in diesem Zusammenhang auf folgende Momente[2]:

1. Die Erschütterung des Rechtszustandes durch Revolutionen und Staatsstreiche;
2. die Erschütterung der religiösen Überzeugungen durch die Verbreitung der Wissenschaften;
3. den internationalen Charakter der sozialen Bewegung;
4. die Machtsteigerung der besitzlosen Klassen durch die Konzentration der Industrie- und Landarbeiterschaft;
5. Einführung der allgemeinen Wehrpflicht, allgemeines Stimmrecht und verbesserte Ausbildung auf Grund allgemeiner Schulpflicht.

Gerade den fünften Punkt hat Menger an verschiedenen Stellen unterstrichen[3]. Insgesamt leistet er jedoch keine genauere Analyse der angeführten Faktoren. Warum er gerade auf sie zurückgegriffen hat, bleibt ebenso ungeklärt, wie eine kausalgeschichtliche Ableitung dieser Vorgänge fehlt. Auf einen Zusammenhang mit wirtschaftlichen Umwälzungen wird nur insoweit eingegangen, als die Konzentration der Arbeitskräfte angesprochen ist[4]. Nur der Wehr- und der Schulpflicht hat Menger ein paar Worte mehr gewidmet. Der allgemeinen Wehrpflicht mißt Menger bei der Durchsetzung des volkstümlichen Arbeitsstaates

---

1 Menger, Volkspolitik, S. 79.

2 Menger, Staatslehre, S. 230/231.

3 Menger, BGB, S. 239; Soziale Aufgabe, S. 15/23.

4 So auch Ehrlich, Anton Menger, S. 293; Vorwärts, Staatslehre.

deswegen eine so große Bedeutung zu, „da derjenige, welcher das Schwert führt, erfahrungsgemäß seine politischen und sozialen Interessen immer durchgesetzt hat“[5]. Mengers Theorie über die Rolle der Macht wird an dieser Aussage in gewandelter Form wieder deutlich. Menger glaubt, daß ein bewaffnetes Volksheer immer mehr zu einem „unsicheren Werkzeug“ in den Händen seiner Führer werden wird; insbesondere gelte dies bei militärischen Mißerfolgen[6].

Über die machtsteigernde Wirkung der allgemeinen Schulpflicht zugunsten der besitzlosen Volksklassen ist sich Menger nicht so sicher wie über diejenige der Wehrpflicht. Es ist ihm klar, daß die Jugenderziehung noch zu wünschen übrig läßt, daß sie viel zu sehr auf Botmäßigkeit gerichtet ist und daß gerade in den Volksschulen die herrschenden Machtverhältnisse verteidigt werden[7]. Dennoch hält Menger die Ausbreitung des Unterrichts für ein wichtiges Moment zur Einführung seiner künftigen Ordnung. Gerade aus dem Widerspruch zwischen dem Interesse der Regierenden an möglichst weit verbreiteter Unwissenheit und dem Anspruch einer modernen Gesellschaft nach ausgebildeten Kräften folgt unumgänglich die Notwendigkeit einer verbesserten Ausbildung[8]. Menger ist überzeugt, daß durch eine richtige Erziehung die Volksmassen dabei über ihre wahren Interessen aufgeklärt werden; die religiöse Unterweisung allerdings hat mit einer Zurückdrängung zugunsten des allgemeinbildenden Unterrichts zu rechnen[9].

Insgesamt vertraut Menger im Hinblick auf die Einführung des volkstümlichen Arbeitsstaates auf folgendes: „Je mehr Bildung und Wohlstand der arbeitenden Volksmassen steigen, je mehr dadurch ihre Macht und ihr Einfluß erhöht wird, desto sicherer werden sie schließlich die ihren Interessen entsprechende sozialistische Rechtsordnung erobern“[10].

Kantorowicz ist der Ansicht, daß Menger nur sehr untergeordnete Faktoren als Ursache der Machtverschiebung zugunsten der Unterprivilegierten anführt. „Über die technisch-wirtschaftlichen Entwicklungen nun, die der neuen Ordnung entgegenführen müßten, spricht sich Menger gemäß seiner heute kaum mehr begreiflichen Nichtachtung dieser Verhältnisse überhaupt nicht aus“[11].

In der Tat erwähnt Menger die Technik so gut wie überhaupt nicht. Er möchte zwar technischen Fortschritt nicht außer Acht lassen, weil er glaubt, daß eine Überlebenschance für dichtgedrängte Bevölkerungen nur durch die

5 Menger, Staatslehre, S. 41.

6 Menger, Staatslehre, S. 175/240.

7 Menger, Sittenlehre, S. 71/72; Volkspolitik, S. 30/63.

8 Menger, Volkspolitik, S. 89.

9 Menger, Staatslehre, S. 182/215.

10 Menger, Arbeitsertrag, S. 102.

11 Kantorowicz, Staatslehre, S. 349; kritisch auch Grünberg, Leben und Lebenswerk, S. 74.

„kompliziertesten Mittel der Kultur und Technik" garantiert werden kann[12]; deshalb sollen auch die Wirtschaftsbehörden einen vorwiegend „technisch-ökonomischen Charakter" annehmen[13]. Aber eine weitergehende Auseinandersetzung mit dieser Problematik findet nicht statt.

2. Ablehnung der materialistischen Geschichtsauffassung

Die materialistische Geschichtsauffassung lehnt Menger rundweg ab: „Nichts tut deshalb den Tatsachen mehr Gewalt an, als dies innerlich so ungleichartige geistige Leben und seine Umgestaltungen auf eine einzige Ursache, etwa seine wirtschaftlichen oder technologischen Verhältnisse (Marx) zurückzuführen"[14]. Vielmehr ist Menger der Ansicht, daß mehr als die kapitalistische Produktionsweise der steigende Druck der Polizei zur Revolutionierung der Massen beigetragen habe[15]. Es zeigt sich also auch an dieser Stelle, daß für Menger Macht und Gewalt die alles entscheidenden Faktoren sind, ohne daß auch hier über Voraussetzungen und Bedingungen für eine Machtausübung reflektiert würde.

Die materialistische Geschichtsauffassung erklärt Menger sich als Reaktion auf die vorherrschend politische Geschichtsschreibung, welche die Geschichte nur als Folge von diplomatischen, militärischen und parlamentarischen Aktionen betrachtet. Insoweit ist die materialistische Geschichtsbetrachtung ihm auch verständlich. „Allein wenn man erwägt, daß das Schicksal der Staaten, der Rechtsordnungen, ja der sozialen Machtverhältnisse selbst noch heute vom Ausgang der Kriege bestimmt wird, so ist eine rein wirtschaftliche Betrachtung des geschichtlichen Verlaufs unmöglich"[16]. Menger hält es für einen willkürlichen Schluß, Religion und Staat als bloße Folgeerscheinungen der wirtschaftlichen Verhältnisse hinzustellen. Er ist zum Beispiel der Meinung, daß eine Sozialdemokratie nie entstanden wäre, hätten anstelle der Deutschen in den Fabriken Neger oder chinesische Kulis gearbeitet[17]. Er warnt die besitzlosen Volksklassen: „Nichts wäre irriger, als wenn sie sich im Sinn der materialistischen Geschichtsauffassung einem gewissen ökonomischen Fatalismus ergeben wollten, der die neue Gesellschaftsordnung von selbst zeitigen wird, sobald die richtige Stunde geschlagen hat"[18].

---

12 Menger, Volkspolitik, S. 59; auch S. 89.

13 Menger, Staatslehre, S. 191.

14 Menger, Staatslehre, S. 224.

15 Menger, Staatslehre, S. 40; auch S. 174.

16 Menger, Soziale Aufgabe, S. 25.

17 Menger, Staatslehre, S. 226/227.

18 Menger, Staatslehre, S. 231.

Seinen eigenen Standpunkt bestimmt Menger folgendermaßen: „Vielmehr kann man die Einwirkung der ökonomischen Verhältnisse auf den Lauf der menschlichen Entwicklung so bestimmen, daß kein großes geschichtliches Ereignis lediglich aus den wirtschaftlichen Zuständen erklärt werden kann, daß aber auch keines von denselben vollständig unbeeinflußt geblieben ist“[19].

Wenn Menger an anderer Stelle konstatiert, daß der Erfolg der französischen Revolution erst durch eine „große Umgestaltung in der Güterverteilung dauernd gesichert“ worden ist[20], dann ist diese Äußerung nicht im Sinn der materialistischen Geschichtsauffassung zu interpretieren, so als ob Menger doch ökonomischen Bedingungen die entscheidende Bedeutung beimesse; vielmehr zeigt sich hier noch einmal in neuem Zusammenhang, welch grundsätzliche Bedeutung Menger der Verteilungsfrage beimißt[21].

3. Einwände gegen Menger

Gerade von links ist Mengers Abneigung gegen die materialistische Geschichtsauffassung kritisiert worden; dabei wird insbesondere ein Zusammenhang zwischen dieser Haltung und Mengers juristischen Vorgehen herausgestellt.

So merkt der sozialdemokratische „Vorwärts“ – trotz grundsätzlicher Zustimmung für Menger – an, „daß das Werden der zukünftigen Gesellschaft schließlich doch mehr sei als Sache der juristischen Konstruktion“[22]. Auch Heine in den „Sozialistischen Monatsheften“ erhebt Vorbehalte: „Menger ist in erster Linie Jurist und verfährt nicht historisch entwickelnd, nicht nationalökonomisch begründend, sondern juristisch konstruierend“[23]. Franz Mehring in der „Neuen Zeit“ vermißt bei Menger „jede Spur historischen Sinnes“[24]. Carl Grünberg hält Mengers Weltbild für „durchaus mechanischer Natur. Der entwicklungsgeschichtliche Sinn geht ihm vollständig ab“[25]. Insbesondere sehe Menger nirgends Zusammenhänge mit der kapitalistischen Produktionsweise. „Wo Probleme der wirtschaftlichen Entwicklung, wenn nicht allein so doch gewiß mit vorliegen, sieht er nur Probleme des Eigentums, d.h. der Rechtsordnung“[26].

Hugo Preuß, kein Sozialist, sondern Anhänger der organischen Auffassung, zieht

19 Menger, Arbeitsertrag, S. 120.

20 Menger, Volkspolitik, S. 85.

21 Vgl. oben S. 22 ff.

22 Vorwärts, Staatslehre.

23 Heine, Utopien, S. 652.

24 Mehring, Staatslehre, S. 287, auch 288.

25 Grünberg, Leben und Lebenswerk, S. 73; auch S. 58/67.

26 Grünberg, Leben und Lebenswerk, S. 68.

einen Bogen von Mengers Verwerfung der organischen Theorie[27] bis zu dessen Ablehnung der materialistischen Geschichtsauffassung, und er betont dabei die große Bedeutung der Evolutionsidee, die gerade auch der Marxismus erfaßt habe. „Indessen gerade die entwicklungsgeschichtliche Auffassung gibt ... dem Marxismus seine große wissenschaftliche Überlegenheit gegenüber einem System wie dem Mengerschen"[28].

Auch Eugen Ehrlich wundert sich, wie wenig Menger mit den Notwendigkeiten einer geschichtlichen Entwicklung rechnet. „Der Gedanke, daß sich jeder gesellschaftliche und politische Zustand unmittelbar aus dem vorhergehenden entwickelt haben muß, daß nicht das Zweckmäßige und Vernünftige, sondern das historisch Notwendige geschieht, scheint ihm meist abhanden gekommen zu sein"[29].

II. Die Rolle der Gewalt

Die Haltung Mengers zu dem Problem, welche Funktion der Gewalt bei der Einführung des volkstümlichen Arbeitsstaates zukommen soll, ist aufgrund seiner verschiedenartigen Aussagen Mißverständnissen ausgesetzt.

1. Befürwortung

Einerseits äußert sich Menger dahingehend, daß nur phantastische Menschenfreunde, wie zum Beispiel Proudhon, eine Umbildung der bestehenden Gesellschaftsordnung ohne Gewaltanwendung erhoffen können[30]. Er glaubt an anderer Stelle, daß kein Herrenvolk jemals ohne Zwang auf seine bevorzugte Stellung verzichten werde, und deshalb die Unterdrückten den Unterdrückern die Macht entreißen müßten[31]. Anders als auf dem Weg der Gewalt glaubt Menger die wichtigsten Ziele für kaum erreichbar; die konservativen Kräfte in der Politik sind nämlich zu stark. Er bedauert es, daß „die breiten Volksmassen in der Regel lieber die furchtbaren Übel der geltenden Ordnungen ertragen, als das Wagnis einer grundstürzenden Umgestaltung (zu) unternehmen"[32].

---

27 Vgl. oben S. 51/52.

28 Preuß, Zukunftsstaatsrecht, S. 420.

29 Ehrlich, Anton Menger, S. 308.

30 Menger, Staatslehre, S. 117.

31 Menger, Sittenlehre, S. 22.

32 So auch Menger, Volkspolitik, S. 88/89; auch S. 57/87.

2. Ablehnung

Trotzdem darf man auf Grund dieser Äußerungen nicht annehmen, daß Menger zur plötzlichen Verwirklichung des volkstümlichen Arbeitsstaates einer blutigen Gewaltanwendung das Wort redet. Vielmehr hat er sich dafür ausgesprochen, Härten und Grausamkeiten auch dann zu vermeiden, wenn dadurch die Einführung des Sozialismus um Jahrhunderte verzögert wird[33]. Mengers oben wiedergegebenen Ansichten widersprechen dem zwar; sie sind aber nicht in direktem Zusammenhang mit seinen Überlegungen zur Einführung des volkstümlichen Arbeitsstaates gefallen und können deshalb so erklärt werden, daß Menger bei ihrer Äußerung das Problem der Verwirklichung seiner eigenen Ideen nicht vor Augen hatte.

Ganz eindeutig wünscht Menger, daß die Volksmassen „gewaltsamen Revolutionen nach Möglichkeit ausweichen"[34]; allmähliche Reformen ohne blutige Greuel und einen langsamen Übergang zwischen den verschiedenen Weltanschauungen hält er ohne weiteres für möglich[35]. Er sieht es als eine Aufgabe erst der kommenden Jahrhunderte an, für eine Verstaatlichung der privatrechtlichen Verhältnisse zu sorgen und das Programm der sozialen Bewegung in Wirklichkeit umzusetzen[36]. Insbesondere in Deutschland erwartet sich Menger die Umwandlung des individualistischen Machtstaates in den volkstümlichen Arbeitsstaat „ohne völligen Bruch der Rechtskontinuität und ohne unnötige Zerstörung der überlieferten politischen Formen"[37].

Gegen die Einführung des volkstümlichen Arbeitsstaates durch revolutionäre Gewalt wendet sich Menger nicht wegen der „Heiligkeit der bestehenden Rechtsordnung", sondern wegen der Unzweckmäßigkeit und Ungangbarkeit eines solchen Weges. Denn die Verwirklichung der neuen Ordnung setze völlig andere Verhaltensweisen der Menschen voraus, die nur das Ergebnis einer langen Umerziehung sein können. „Eine plötzliche sozialistische Schilderhebung kann ihr Ziel ebensowenig erreichen, als etwa ein Gesetz, daß alle Staatsbürger von einem bestimmten Zeitpunkt an weise und tugendhaft sein sollen"[38]. Menger zeigt mit dieser Äußerung eine bemerkenswerte Einsicht; er setzt sich jedoch mit seinem eigenen juristischen Ansatz in Widerspruch, demzufolge die Verwandlung sozialistischer Ideen in Rechtsbegriffe die Verwirklichung des Sozialismus bringen wird[39]. Denn wenn Menger es einerseits für unmöglich hält, Tugend und

---

33 Menger, Staatslehre, S. 235.

34 Menger, Volkspolitik, S. 56/57.

35 Menger, Staatslehre, S. 22.

36 Menger, Staatslehre, S. 86/131.

37 Menger, Staatslehre, S. 173.

38 Menger, Staatslehre, S. 239.

39 Vgl. oben S. 17.

Weisheit gesetzlich einzuführen, dann ist nicht einzusehen, warum gerade der Sozialismus per Dekret verwirklicht werden könnte.

Menger möchte auch aus einem anderen Grund keinen gewaltsamen Umsturz: durch Revolutionen wird die Volkswirtschaft in Unordnung gebracht und die Menschen, für die der wirtschaftliche Bedarf doch unerläßlich ist, haben davon nur Nachteile[40].

Carl Grünberg hat diese Überlegungen Mengers zustimmend kommentiert: „Klugheitserwägungen sind es, die ihn bestimmen, bei der Ausnutzung des Sieges der besitzlosen Klassen im Kampf gegen die oberen um den Besitz der Macht in Staat und Gesellschaft besonnenster Organisationsarbeit und einem langsamen Tempo das Wort zu reden“[41].

Menger lehnt also den Gedanken an eine gewalttätige, alle Verhältnisse in kurzer Zeit umgestaltende Revolution trotz verschiedener gegenteiliger Äußerungen ab. Dabei hält er den von ihm propagierten Gemeindesozialismus für besonders geeignet, das Band zwischen Besitz und Besitzenden „ohne Gewalttätigkeit und ohne größere Verwirrung des wirtschaftlichen Lebens“ zu lösen[42].

3. Beispiele

Menger nennt den jahrhundertelangen Kampf der Plebejer im alten Rom um Gleichstellung in Ehe, Amt und Verkehr[43] und den Sieg des Christentums im 4. Jahrhundert[44] als Beispiele dafür, daß soziale Ziele ohne Gewalt und ohne existenzgefährdenden Umsturz erreicht werden können; gerade das Christentum habe sich ja erst in einem langen Prozeß durchgesetzt.

Der Vergleich der Einführung des volkstümlichen Arbeitsstaates mit derjenigen des Christentums kommt Viktor Adler, dem österreichischen Führer der Arbeiterbewegung, als eine „ziemlich dunkle Analogie“ vor[45]. Auch Carl Grünberg wundert sich über diesen Gedanken, weil doch der Übertritt Konstantins zum Christentum im Jahre 311 der Stärkung einer alten Machtorganisation und der kaiserlichen Machtstellung insbesondere diente, während die Einführung des Sozialismus die Ablösung der bestehenden Ordnung bringen soll[46]. Menger hat dieser Widerspruch nichts bedeutet; vielmehr erwartet er sich gerade – anders als

---

40 Menger, Staatslehre, S. 239/240.

41 Grünberg, Leben und Lebenswerk, S. 66/67.

42 Menger, Volkspolitik, S. 61.

43 Menger, Volkspolitik, S. 32.

44 Menger, Staatslehre, S. 231/240; derselbe auch Sozialismus, 4097.

45 Adler, Zukunftsbilder.

46 Grünberg, Leben und Lebenswerk, S. 67; auch S. 73; ebenso Preuß, Zukunftsstaatsrecht, S. 421.

beim Christentum, das sich vorwiegend im Gegensatz zur damals herrschenden Staatsgewalt organisierte – die praktische Durchführung des Sozialismus grundsätzlich vom Staat. Er möchte, „daß die Einführung der neuen sozialen Ordnung in engem Anschluß an die überlieferten Begriffe von Recht und Staat erfolgen kann“[47].

III. Konkrete Maßnahmen

Obwohl Menger sich darüber im klaren ist, daß das Privatrecht „niemals durch seine eigenen Werkzeuge und Bestandteile besiegt werden kann“[48], will er zur Durchführung des Sozialismus nur bisher schon gebräuchliche Mittel politischer und sozialer Umgestaltung vorschlagen[49]. In konsequenter Durchführung seines juristischen Ansatzes sollen auch einleitende Schritte nur auf dem Wege der Gesetzgebung getroffen werden[50].

1. Vorschläge gegen eine Verschlechterung der Verhältnisse

In seinem ersten Werk, dem „Recht auf den vollen Arbeitsertrag“, hat Menger zwei Vorschläge entwickelt, die die Gesetzgebung der modernen Staaten zu beachten habe, um die Mängel der bestehenden Ordnung nicht noch mehr zu steigern und um eine gewaltsame Umgestaltung der Rechtsordnung zu verhindern[51]:

Sämtliche Maßnahmen sollen vermieden werden, durch die arbeitsloses Einkommen neu geschaffen oder bereits vorhandenes noch vermehrt wird. Außerdem dürfte auf keinen Fall eine Übertragung von Grundrente und Kapitalgewinn von einer Volksklasse auf die andere mittels staatlichen Zwanges erfolgen. Eine solche Zuweisung arbeitslosen Einkommens an eine Volksklasse auf Kosten einer anderen würde Mengers Meinung nach die gesamte Rechtsordnung noch mehr erschüttern als dies beispielsweise bei der Ablösung der Feudallasten der Fall gewesen ist.

Gegen diese Vorschläge sind nirgends Einwände laut geworden[52]. Für Steinbach steht Menger damit im wesentlichen „auf dem Boden der vom deutschen Reichs-

---

47 Menger, Staatslehre, S. 240, auch S. 234.

48 Menger, Staatslehre, S. 120.

49 Menger, Staatslehre, Vorrede S. IV/253.

50 Menger, Staatslehre, S. 243.

51 Menger, Arbeitsertrag, S. 168/169.

52 Ohne Kommentar erwähnen diese Vorschläge: Adler, Arbeitsertrag, S. 300; Ruhland, Arbeitsertrag, S. 580; Schwiedland, Arbeitsertrag, S. 477; zustimmend: Carneri, Liberalismus, S. 9.

kanzler inaugurierten Sozialpolitik"[53]; Georges Sorel hat bemerkt: „Mais nous n'avons pas encore trouvé quelque chose qui soit spécifiquement socialiste. Ce que réclame Menger, c'est seulement la justice accordée aux citoyens sans acception de personnes. Sur ce principe moral tout le monde peut se mettre d'accord"[54].

2. Enteignung des Großbesitzes

Um die bestehenden Machtverhältnisse so umzubilden, „daß die Staatsordnung mit innerer Notwendigkeit dem volkstümlichen Arbeitsstaat zugetrieben und jede Rückkehr zu den überwundenen Zuständen unmöglich gemacht wird", schlägt Menger in der „Neuen Staatslehre" die Einlösung des Großbesitzes durch die Staatsgewalt vor[55]. Menger ist nicht der Ansicht, daß eine solche Maßnahme die Kräfte des heutigen Staates übersteigen würde. Er befürwortet keine Zwangsenteignung, möchte jedoch den ehemaligen Eigentümern auch nicht den vollen Wert ihres Eigentums ersetzen, weil sonst die sozialen Kraftverhältnisse nicht verändert würden. Durch die Zahlung einer mäßigen Rente auf Lebenszeit hält Menger ohne unnötige Härte einen Zustand für geschaffen, „der die Fortentwicklung zum volkstümlichen Arbeitsstaat als geschichtliche Notwendigkeit in sich birgt"[56].

Problematisch bleibt für Menger, was zum Großbesitz zu zählen und damit zu enteignen ist, weil Mittel- und Kleinbesitz auf jeden Fall in privater Hand bestehen bleiben soll. Aus diesem Nebeneinander von verstaatlichtem und privatem Eigentum sieht Menger große Konflikte erwachsen. Er verzichtet bewußt auf eine ins einzelne gehende Darstellung der Lösungsmöglichkeiten; dies hätte „schwerlich einen größeren Wert, als ein ins einzelne ausgearbeiteter Kriegsplan, weil in der Politik wie im Kriege das Handeln der leitenden Persönlichkeiten ebensosehr durch das Verhalten des Gegners wie durch die eigenen Entschlüsse bestimmt wird"[57]. Ohne Anspruch auf Vollständigkeit deutet Menger nur an, daß bei einem Konflikt zwischen sozialistischer und privatrechtlicher Rechtsordnung das sozialistische Recht vorzugehen habe, daß das Privatrecht durch die Berührung mit dem Sozialismus allein schon eine Umbildung erfahren werde, und daß einer Verstaatlichung der Produktion eine Verstaatlichung der Güterverteilung vorzugehen habe. Auf jeden Fall hat die Ablösung des Großbesitzes als erster Schritt zur Verwirklichung des neuen Staates zu erfolgen[58].

---

53 Steinbach, Grundideen, S. 559.

54 Sorel, Aspects juridiques, S. 408.

55 Menger, Staatslehre, S. 243 ff.

56 Menger, Staatslehre, S. 245.

57 Menger, Staatslehre, S. 248/249.

58 Menger, Staatslehre, S. 251.

Daß Menger die Enteignung des Großbesitzes fordert, überrascht bei seiner privateigentumsfeindlichen Haltung keineswegs; eher schon, daß er den Mittel- und Kleinbesitz unangestastet lassen will.

Auf die entscheidende Frage ist bei Menger jedoch keine Antwort zu finden; Eugen Ehrlich hat sie folgendermaßen gestellt: „Was berechtigt Anton Menger, von den herrschenden Klassen zu fordern, freiwillig heute schon Zugeständnisse den Besitzlosen zu machen? Deren gesteigerte Macht? Nun, wenn sie die Macht haben, so mögen sie sich selber so viel nehmen, als sie können. Und wenn sie nichts erzwingen können, so liegt schon darin der Beweis, daß sie die Macht dazu nicht haben“[59]. In diesem Sinn hat auch Carl Grünberg Menger charakterisiert: „Menger gehört ebenfalls zu jenen rationalistischen Jakobinern, die ohne kausales Begreifen des geschichtlich Gewordenen, ohne tiefere Einsicht in die Elemente, welche an dessen Weiterentwicklung und an der Gestaltung der Zukunft wirken, meinen: es bedürfe nur guten Willens, es brauche nur einen beherzten Entschluß, um was durch Unverstand, Übelwollen oder Gewalt verfahren worden, wieder ins rechte Geleise zu bringen. Mögen sich die Menschen nur besinnen, mögen sie sich nur entschließen, den ihnen gewiesenen Weg zu gehen! Haben sie nicht auch durch Ausbreitung der Volksbildung ‚die Fähigkeit zur Aneignung der sozialen Theorien erlangt‘? “[60].

IV. Menger als Utopist

1. Im Urteil der anderen

Häufig und zumeist abwertend wird der Begriff ‚Utopie‘ in Zusammenhang mit Mengers Vorstellungen gebraucht. Aber nicht jeder hat sich so aggressiv über Menger geäußert wie der Sorel-Schüler Edouard Berth: „Une utopie de professeur, une utopie juridique, consciencieuse, universitaire, probe, ennuyeuse pour tout dire; de la science de cabinet; une vision de cité future par un rat de bibliothèque, . . .“[61].

Ohne auf die immensen Schwierigkeiten einzugehen, die eine Begriffsbestimmung der ‚Utopie‘bereitet[62], wird Mengers Werk als „juristische Utopie“[63] und

59 Ehrlich, Anton Menger, S. 311.

60 Grünberg, Leben und Lebenswerk, S. 75.

61 Berth, Utopie, S. 34.

62 Dazu aus heutiger Sicht Neusüss, Utopie, Einführung passim.

63 Heine, Utopien, S. 653.

er selbst als „soziologischer Utopist"[64] bezeichnet. Viktor Adler nennt „jede Konstruktion eines zukünftigen Gesellschaftsbaues" eine Utopie; weil Menger die Frage nach der sozialistischen Zukunft juristisch beantwortet habe, habe er eine „Utopie in der Utopie" erstellt[65]. „Obgleich Utopist, schafft Menger doch keinen Staatsroman", meint Preuß[66], und Loening vermißt bei Menger den poetischen Reiz, „den manche der frühen Utopien durch ihre phantastischen Ausschmückungen ausüben"[67]. Grünberg spricht in Zusammenhang mit Menger von einem „Rückfall in die Utopienliteratur"[68] und „Vorwärts" von einer „Renaissance des utopistischen Sozialismus"[69]; Kampffmeyer konzediert immerhin, daß Mengers Vorstellungen trotz allem in den Verhältnissen der Gegenwart wurzeln[70]. Auf dieses Moment weist auch Stengel hin: Mengers „Neue Staatslehre" knüpfe mehr als andere Utopien an die bestehende Ordnung an und berücksichtige auch in höherem Maße die menschlichen Triebfedern, Leidenschaften und Schwächen; sie bleibe aber Utopie, weil ihre Durchführung in höchstem Grade zweifelhaft erscheine[71]. Stengel hat sich also ausführlicher um eine Begriffsbestimmung der ‚Utopie' bemüht und legt seiner Definition das Kriterium der Realisierbarkeit zugrunde.

Franz Mehring hat vor allen Dingen die positive Seite an Menger hervorgehoben: „Wie bei allen Utopisten ist auch bei diesem juristischen Utopisten die Kritik das wirklich Lehrreiche, und soweit Mengers Kritik reicht, hat sie in ihrer Art und in ihrem Wurf einen entschiedenen Zug von den großen Utopisten, was in unseren Augen kein geringes Lob ist"[72].

2. Seine eigene Auffassung

Ungeachtet der Meinung der Rezensenten hält Menger sein Gesellschaftssystem keinesfalls für utopisch. Den Vorwurf, utopisch zu argumentieren, erhebt er vielmehr gegenüber Proudhon[73], Rodbertus[74] und gegenüber den Frühsoziali-

---

64 Stein, Rechtssozialismus, S. 215; in diesem Sinn auch Netter, Zukunftsstaat, S. 297; Oppenheimer, Arbeitsstaat, S. 186.

65 Adler, Zukunftsbilder.

66 Preuß, Zukunftsstaatsrecht, S. 383.

67 Loening, Staatslehre, S. 3081.

68 Grünberg, Leben und Lebenswerk, S. 57.

69 Vorwärts, Staatslehre.

70 Kampffmeyer, Neuer Wind, S. 401.

71 Stengel, Staatslehre, S. 128.

72 Mehring, Staatslehre, S. 288.

73 Menger, Arbeitsertrag, S. 76.

74 Menger, Arbeitsertrag, S. 92.

sten Saint-Simon, Fourier und Owen[75]; auch das Erfurter Programm der Sozialdemokratie von 1891 kommt ihm als „umfassende politische Utopie" vor[76], und bei den Vorschlägen von Louis Blanc und Lassalle stört ihn deren „utopische Voraussetzung. . ., daß die Arbeiterassoziationen sich ausschließlich von dem Gefühl der Brüderlichkeit leiten lassen werden"[77].

Für das Fortschreiten der sozialistischen Bewegung einfach unerläßlich erachtet Menger seine Darstellung des zukünftigen Gesellschaftszustands. Diese hält er keinesfalls für utopisch, sondern im Gegenteil für durchaus wissenschaftlich. Er präzisiert seinen Begriff von Utopie folgendermaßen: „Eine unwissenschaftliche Utopie ist nur dann vorhanden, wenn man bei der Entwerfung des künftigen sozialen Systems von der Ansicht ausgeht, daß die Menschen nach Einführung der neuen sozialen Ordnung von wesentlich anderen Triebfedern geleitet, oder daß eine andere Verkettung von Ursache und Wirkung stattfinden wird, als in unserem gegenwärtigen Zustand"[78]. Utopisch wäre es also nach Menger nur, an eine Umwandlung der menschlichen Grundtriebe nach sozialen Umwälzungen zu glauben[79].

Für den menschlichen Grundtrieb überhaupt hält Menger den Egoismus; er konstatiert, daß die heutige Rechtsordnung auf dem Egoismus beruht, und dies könne auch im volkstümlichen Arbeitsstaat nicht anders sein[80]. Auch das Recht auf den vollen Arbeitsertrag beruhe auf nichts anderem als auf Egoismus[81]. Der Mensch ist von Natur aus nicht gut, so daß auch nach gründlicher Umbildung der Gesellschaftsordnung keine „natürliche Güte" hervortreten kann; aber nach einer Umbildung der Eigentumsordnung werden ihre schlimmsten Ausartungen beseitigt sein[82]. Menger möchte also mit seinen Vorschlägen nur an die schon heute wirksamen Triebfedern menschlichen Handelns anknüpfen[83], und er gibt grundsätzlich zu bedenken, „daß dasjenige, was heute als utopisches Bestreben betrachtet wird, nach einem Menschenalter als Gemeinplatz, nach einem Jahrhundert als veraltetes Vorurteil erscheint"[84]. Menger ist bestrebt, dem Sozialismus durch „nationalökonomische Verbrämungen" keinen „utopischen Charakter"

75 Menger, Arbeitsertrag, S. 104/105.
76 Menger, Arbeitsertrag, S. 101.
77 Menger, Arbeitsertrag, S. 118.
78 Menger, Arbeitsertrag, S. 105; auch Staatslehre S. 52.
79 Menger, Staatslehre, S. 14.
80 Menger, Staatslehre, S. 51; Sittenlehre, S. 77.
81 Menger, Arbeitsertrag, S. 26.
82 Menger, Staatslehre, S. 53.
83 Menger, Staatslehre, Vorrede S. IV.
84 Menger, BGB, S. 11; derselbe Gedanke auch Arbeitsertrag, S. 149; Menger, Sozialismus, S. 4097.

aufzuprägen[85]. Neben dem Glauben an die Veränderbarkeit menschlicher Verhaltensweisen gehört also zu Mengers Vorstellung von Utopie die Idee, daß aufgrund ökonomischer Veränderungen eine sozialistische Gesellschaft aufgebaut werden könne.

Hier wird die Verbindung sichtbar zwischen Mengers juristischem Ansatz, auf Grund dessen er unabhängig von volkswirtschaftlichen Erörterungen sozialistische Ideen in Rechtsbegriffe zu verwandeln sucht, und seiner Ablehnung der Utopie, die sich für Menger in nationalökonomischen Verbrämungen verkörpert.

V. Schlußbetrachtungen

1. Menger und die demokratische Rechtstheorie

Norbert Reich hat seine Antrittsvorlesung vom 10.7.1972 unter das Thema „Anton Menger und die demokratische Rechtstheorie" gestellt[85a]. Er hat als wesentlich für eine solche demokratische Rechtstheorie die Komponenten ‚politisch', ‚sozial' und ‚kritisch' herausgearbeitet, die sämtlich auch im Werk Anton Mengers angelegt sein sollen; er kommt zur Feststellung, daß Menger eine Rechtstheorie des „demokratischen Sozialismus" vertritt[86].

Reich ist in seinem gesamten Vortrag weder auf Mengers Überlegungen zur hierarchischen Struktur des volkstümlichen Arbeitsstaates eingegangen, noch hat er überhaupt Mengers Staatskonzeption oder dessen Geringschätzung der politischen Demokratie gestreift.

Außerdem verbinden sich mit Begriffen wie „demokratische Rechtstheorie" oder „demokratischer Sozialismus" höchst unterschiedliche und vage Vorstellungen; wie Reich von der demokratischen Rechtstheorie selbst sagt, existieren „kaum präzise theoretische Konzeptionen"[87]. Ist es aus diesem Grund schon zweifelhaft, ob „das Stichwort der ‚demokratischen Rechtstheorie' den Schlüssel für das Verständnis von Mengers Werk" zu liefern in der Lage ist[88], so wird ein solches Unterfangen erst recht fragwürdig, wenn nirgends erwähnt ist, daß Mengers

---

85 Menger, Staatslehre, S. 54.

85a Diese Antrittsvorlesung beruht auf Studien von Reichs Habilitationsschrift „Sozialismus und Zivilrecht"; die Passagen, die die inhaltlichen Vorstellungen Mengers wiedergeben, sind wörtlich übernommen, siehe Reich, Sozialismus, S. 52–62, Reich, Anton Menger, S. 94–99.

86 Reich, Anton Menger, S. 94/99.

87 Reich, Anton Menger, S. 93.

88 So aber Reich, Anton Menger, S. 93.

Staatsentwurf ausdrücklich und an vielen Stellen durch eine hierarchische Organisation und eine gänzlich undemokratische Struktur gekennzeichnet ist.

2. Zusammenfassung

Mit Norbert Reich ist vielmehr daran festzuhalten, daß es müßig wäre, Anton Menger in irgendwelche Schulen, seien sie naturrechtlicher, positivistischer oder soziologischer Art, einordnen zu wollen[89]. Die Auseinandersetzung mit Anton Mengers Werk hat ungemein vielgestaltige und widersprüchliche Ansätze deutlich werden lassen.

So war Menger, der Wiener Professor und Hofrat, in seiner konsequent privateigentumsfeindlichen Haltung Sozialist, dabei in bewußter Abkehr sowohl vom Kathedersozialismus als auch vom Marxismus. Individualistisch aber sind seine Staatszweckvorstellungen, ebenso wie die Propagierung eines Rechts auf Existenz. Dessen Realisierung hinwiederum widerspricht auch nach Mengers eigenen Bekundungen der Verwirklichung des ebenfalls von ihm postulierten Rechts auf den vollen Arbeitsertrag. Trotz der in diesen Forderungen deutlich gewordenen Betonung der Rechte des Einzelnen hat Menger einen übermächtigen Staat konzipiert, dem der Bürger ohne Einwirkungs- oder Kontrollmöglichkeiten gegenüberstehen müßte. Menger war Malthusianer, aber kein Darwinist. Im Ansatz soziologisch bei seiner Forderung nach einer legislativ-politischen Jurisprudenz, hat Menger gerade die soziologische Analyse nicht geleistet, die für die Stichhaltigkeit seines Systems von entscheidender Bedeutung gewesen wäre: Menger hätte auf eine Hinterfragung der gesellschaftlichen Machtverhältnisse nicht verzichten dürfen. Stattdessen hat er bewußt alle außerjuristischen Bezüge aus seiner Argumentation ferngehalten, und er fand sich in dieser Beziehung in Übereinstimmung mit dem staatsrechtlichen Positivismus seiner Zeit. Mit der Propagierung ökonomischer Grundrechte hingegen war Menger naturrechtlichen Traditionen verhaftet.

Insgesamt läßt sich festhalten, daß Menger ein scharfer Kritiker der Mißstände seiner Zeit war; seine Vorschläge für die Zukunft jedoch haben sich als unrealistisch, naiv und in ihrer undemokratischen Tendenz sogar als gefährlich erwiesen, von den juristisch immanenten Vorstellungen zur BGB- und Zivilprozeßreform einmal abgesehen. Entgegen anderslautenden zeitgenössischen Versicherungen[90] ist Menger bald vergessen worden und ohne jeden Nachhall geblieben. Die Ansicht Reichs, daß die soziale Frage im 20. Jahrhundert in vielen bürgerlichen Staaten unter Bezug auf Menger gelöst worden ist[91], kann nicht geteilt werden.

89 Reich, Anton Menger, S. 100.

90 Zum Beispiel Oppenheimer, Arbeitsstaat, S. 190; Kantorowicz, Staatslehre, S. 353; Grünberg, Leben und Lebenswerk, S. 75: „Und auch darum wird sein Werk ihn überdauern. ‚Nicht spurlos zog er seine Bahn'!"

91 Reich, Sozialismus, S. 62.

Auch in der UdSSR ist Menger weitgehend unberücksichtigt geblieben. In seiner Habilitationsschrift „Sozialismus und Zivilrecht" hat Norbert Reich die verschiedenen Etappen der Zivilrechtsentwicklung in der UdSSR vor dem Hintergrund des Spannungsverhältnisses zwischen dem Sozialismus als Gesellschaftstheorie und dem Zivilrecht bürgerlicher Prägung als dem Recht privatautonom handelnder Rechtssubjekte aufgearbeitet; dabei hat er unter Aufzeigung der theoretischen Grundlagen dieses Konflikts neben Marx, Engels, Duguit und Renner auch Anton Menger gewürdigt. Reich gelangt in diesem Zusammenhang zu der Erkenntnis, daß Menger weder im vor- noch im nachrevolutionären Rußland allgemeine Anerkennung gefunden hat[92]. Nur in der Anfangsphase der sowjetischen Zivilistik hat er eine gewisse Rolle gespielt[93]; so sind im Zivilgesetzbuch von 1923 an verschiedenen Stellen Normen eines sozialen Privatrechts enthalten, wie es vor allem Menger vertreten hat[94].

Einleitend sind als Ursachen für die kontroversen Meinungen und pauschalen Urteile über Menger zwei Gründe herausgearbeitet worden: die Brisanz einer Beschäftigung mit sozialistischer Thematik an sich und die mangelhafte Auseinandersetzung mit Mengers Werk. Hinzu kommt, daß – wie in der Arbeit gezeigt werden konnte – in Mengers Schriften zahlreiche Gegensätzlichkeiten und Widersprüche angelegt sind. Diese Sachlage erleichtert es naturgemäß jedem Rezensenten, nur die jeweils der eigenen Position ent- oder widersprechenden Punkte isoliert herauszugreifen und eine Kritik daran festzumachen.

Den vielfältigen Aspekten in Anton Mengers Werk wird man mit einem solchen Vorgehen nicht gerecht.

---

92 Reich, Sozialismus, S. 62/73/80.

93 Reich, Sozialismus, S. 18/137/188.

94 Reich, Sozialismus, S. 156.

Kolibri 360 GmbH
Ferdinand-Jühlke-Straße 7
99095 Erfurt, Deutschland
produktsicherheit@kolibri360.de